向现场管理要效益

现场6S管理实施关键点

XIANCHANG 6S GUANLI
SHISHI GUANJIANDIAN

姚水洪　邹满群　编著

化学工业出版社
·北京·

本书从6S活动的基本知识与推行的关键点入手，以整理、整顿、清扫、清洁、素养、安全6个S的内涵与内容为基础，系统全面地总结6个S的实施流程、实施要点、实施步骤与推行要领。本书以企业现场实战为导向，结合企业运营实际要求，用来自企业一线现场的大量真实案例，以简洁通俗的语言对6S推行过程中的关键要点进行分析与阐述。

本书可供企业现场管理人员、培训人员、咨询顾问、现场管理课程学习人员参考或作为教学、培训教材，也可供生产性企业的班组长、工段长、车间主任、主管生产的副总经理、6S推行办成员等6S推进过程中实际参与推进的人员使用。

图书在版编目（CIP）数据

现场6S管理实施关键点/姚水洪，邹满群编著. —北京：化学工业出版社，2019.2（2022.8重印）
（向现场管理要效益）
ISBN 978-7-122-33655-2

Ⅰ.①现… Ⅱ.①姚…②邹… Ⅲ.①企业管理-生产管理 Ⅳ.①F273

中国版本图书馆CIP数据核字（2019）第005433号

责任编辑：高　钰　　　　　　　　　　文字编辑：李　曦
责任校对：杜杏然　　　　　　　　　　装帧设计：刘丽华

出版发行：化学工业出版社（北京市东城区青年湖南街13号　邮政编码100011）
印　　装：北京科印技术咨询服务有限公司数码印刷分部
710mm×1000mm　1/16　印张11½　字数231千字　2022年8月北京第1版第5次印刷

购书咨询：010-64518888　　　　　　　售后服务：010-64518899
网　　址：http://www.cip.com.cn
凡购买本书，如有缺损质量问题，本社销售中心负责调换。

定　　价：58.00元　　　　　　　　　　　　　　　　版权所有　违者必究

前言

现场是制造型企业的"门面",也是一个企业管理水平高低的集中体现,有效地推进现场6S管理可以大幅度提升企业现场管理水平,使现场基础管理工作更加扎实,更好地提升工作效率、保证产品品质,进而提升企业形象、增强员工的归属感,促进企业的良性发展。

现场6S管理是指对生产现场的人员、机器、材料、方法等生产要素进行的有效管理,针对企业中每位员工的日常行为方面提出要求,倡导从小事做起,力求使每位员工都养成事事"讲究"的习惯,从而提高企业柔性管理水平,营造安全、舒适、低成本的企业经营环境。对于企业而言,6S的本质是一种态度,是执行力的企业文化;对于管理人员来说,6S是应有的基本能力,是管理的根本;对于员工来说,6S有利于培育纪律性和行为习惯的养成,是成就事业的基础。现场6S管理内容简单,实际推行过程中重要的是理念到位,其次要持之以恒,把其中的管理内容变成企业文化的内容,这样才能达到推行的目的,才能有效提升现场管理的效能,夯实企业核心竞争力的基石。

本书以企业现场实战为导向,结合企业运营实际要求,用来自企业一线现场的大量真实案例,以简洁通俗的语言,全面、详细、具体地阐述现场6S管理活动的实施过程、要点以及操作步骤等,并配以丰富的图表工具。同时,根据大量的企业推进参考事例,深入分析当前中国推行6S的现状,并阐述处理问题的方法步骤,有章可循,有据可依,方便实用。

本书的目的在于,帮助企业营造现场6S管理活动的环境,解决在现场6S管理活动推进过程中出现的问题,形成制度化、

PREFACE

规范化、常态化、习惯化的现场6S管理模式,从而为企业不断发展壮大奠定坚实的管理基础。

本书作者多年来从事企业现场运营管理的研究与咨询工作,希望能与企业现场管理人员分享6S管理的知识和经验。

书中如有错误或不妥之处,恳请读者指正或谅解,相关建议、要求等可通过微信号yuanfang3389与作者联系,在此作者表示诚挚的谢意。

姚水洪

2019年1月

目录

第一章 现场6S管理的基础知识 ……………………………… 001

一、现场6S管理的功能 ……………………………………… 002

二、现场6S管理的内容 ……………………………………… 003

    1. 整理 ……………………………………………………… 003

    2. 整顿 ……………………………………………………… 004

    3. 清扫 ……………………………………………………… 004

    4. 清洁 ……………………………………………………… 004

    5. 素养 ……………………………………………………… 005

    6. 安全 ……………………………………………………… 005

三、现场6S管理的目的 ……………………………………… 005

第二章 现场6S管理推行关键点 ……………………………… 007

一、消除对6S管理的八大误区 ……………………………… 008

    1. 形象工程误区 …………………………………………… 008

    2. 过度规范化误区 ………………………………………… 008

    3. 形式检查误区 …………………………………………… 008

    4. 过时管理误区 …………………………………………… 008

    5. 快出效果误区 …………………………………………… 008

    6. 自觉行动误区 …………………………………………… 009

    7. 以罚代管误区 …………………………………………… 009

    8. 全员参与误区 …………………………………………… 009

二、按照六大步骤推进6S活动 ……………………………… 009

    1. 成立6S活动推行组织,明确组织职责 ……………… 009

        案例 某公司6S推行策划 ……………………………… 012

2. 6S活动的六大步骤 ··· 014

三、强化6S管理知识体系培训 ··· 015
    1. 新员工入职培训 ··· 016
    2. 各部门对全员进行教育 ··· 016
    3. 使用各种宣传工具 ··· 016

四、加强6S管理效果评比审核 ··· 016
    1. 确定考评标准 ··· 016
    2. 评比审核及评价 ··· 016
    3. 激励、考核及竞赛 ··· 017

五、6S活动纳入定期管理内容 ··· 018
    1. 检讨修正，总结提高 ··· 018
    2. 全面推进6S管理 ··· 018
    3. 纳入定期管理活动中 ··· 019

第三章　整理推行的关键点 ··· 020

一、科学把握整理的内涵与内容 ··· 021
    1. 整理的概念及对象 ··· 021
    2. 整理的目的与作用 ··· 021

二、明确整理重点与实施流程 ··· 022
    1. 整理的重点 ··· 022
    2. 整理的实施流程 ··· 022

三、精准把握整理的实施要点 ·· 023
1. 必要品与非必要品的判别及处理 ·· 023
案例　某加工企业"非必要"物品的种类 ································ 025
2. 明确场所的基准 ·· 027
3. 废弃处理的准则 ·· 028

四、有效执行整理的实施步骤 ··· 028
1. 建立共同认识 ··· 029
2. 全面检查工作现场 ··· 029
3. 制定要与不要的标准 ·· 030
案例　某公司物品"要"与"不要"的操作表单 ····················· 031
4. 清理及处理"非必需品" ·· 033
5. 养成整理的习惯 ·· 035
案例　某企业6S管理中整理阶段标准与决策权限表 ················ 036

五、明确了解整理的推行要领 ··· 037
1. 整理的推行要领 ·· 037
2. 开展整理活动的注意事项 ·· 037
3. 整理检查表 ·· 038

第四章　整顿推行的关键点 ··· 042

一、详尽熟悉整顿要求与内容 ··· 043
1. 整顿的概念、目的与要求 ·· 043
2. 整顿的作用 ·· 043

二、切实关注整顿要素与原则 ··· 044

1. 整顿三要素 ·· 044
　　2. 整顿的"三定"原则 ······································ 049
三、科学展开区域与区位规划 ····································· 050
　　1. 企业区域规划的范围 ······································ 050
　　2. 企业区域规划流程 ·· 052
　　3. 现场细节的整顿——区位规划 ························· 053
四、合理执行整顿的实施步骤 ····································· 054
　　1. 分析现状 ·· 054
　　2. 物品分类 ·· 054
　　3. 落实整顿工作，根据整理重点决定放置场所 ······ 055
　　4. 决定放置方法 ·· 055
　　5. 决定物品的定位放置 ····································· 055
　　6. 画线标识和方法 ··· 055
五、准确把握整顿的推行要点 ····································· 056
　　1. 整顿的推行要点 ··· 056
　　2. 整顿推进的注意事项 ····································· 057

第五章　清扫实施的关键点 ·································· 061

一、准确把握清扫的内涵与内容 ································· 062
　　1. 清扫的含义 ··· 062
　　2. 清扫的实施对象 ··· 062
　　3. 清扫推行的目的 ··· 062
　　4. 清扫推行的作用 ··· 063

目录 CONTENTS

二、明晰清扫的原则和关注点 ··· 064
  1. 清扫三原则 ··· 064
  2. 清扫的关注点 ·· 065

三、坚持推进清扫的关键活动 ··· 068
  1. 建立清扫责任区（室内外） ····································· 068
  2. 执行例行扫除，清理脏污 ······································· 068
  3. 调查污染源，予以杜绝 ··· 068
  4. 建立清扫基准 ·· 068
  5. 改善污染源：从源头治理 ······································· 070
  6. 实施清扫的注意事项 ··· 071

四、熟练把握清扫推行的要领 ··· 071
  1. 清扫推行的要领一——明确清扫目的 ···························· 071
  2. 清扫推行的要领二——界定清扫责任 ···························· 072
  3. 清扫推行的要领三——全员参与 ································ 072
  4. 清扫推行的要领四——定期进行 ································ 072
  5. 清扫推行的要领五——追踪污染源 ······························ 073
  6. 清扫推行的要领六——预防与保护 ······························ 073

五、合理展开清扫的实施步骤 ··· 073
  1. 准备工作 ·· 073
  2. 清扫工作岗位范围内的一切垃圾、灰尘 ························· 074
  3. 清扫、检查机器设备 ··· 074
  4. 整修 ·· 074
  5. 查明污垢的发生源 ··· 074
  6. 标志区域或界限 ··· 075
  7. 制定相关的清扫标准 ··· 075

第六章　清洁实施的关键点 ································· 077

一、准确把握清洁的内涵与作用 ································· 078
  1. 清洁的含义 ································· 078
  2. 清洁的目的 ································· 078
  3. 清洁的作用 ································· 079

二、把握清洁的原则与关注点 ································· 080
  1. 清洁三原则 ································· 080
  2. 清洁关注点 ································· 080

三、切实执行清洁的推进步骤 ································· 080
  1. 清洁的注意事项 ································· 080
  2. 清洁的推进步骤 ································· 081

四、切实抓住清洁推行的要领 ································· 082
  1. 落实前3S的工作 ································· 082
  2. 制定目视管理、颜色管理的基准 ································· 084
  3. 制定稽核方法 ································· 084
  4. 制定奖惩制度，加强执行 ································· 084
  5. 持续形成6S意识 ································· 084
  6. 高层主管经常带头巡查、带头重视 ································· 085

五、熟练掌握清洁方法与标准 ································· 085
  1. 推进清洁的方法 ································· 085
  2. 推进清洁的标准 ································· 086
  3. 清洁的实战表单 ································· 092

第七章　安全推进的关键点 ········· 096

一、准确把握安全的内涵与原则 ········· 097
1. 安全的含义及作用 ········· 097
2. 安全管理原则 ········· 097

二、详尽落实安全的实施要点 ········· 098
1. 建设企业安全文化 ········· 098
2. 推行安全的要点 ········· 100

三、严格执行安全的推行步骤 ········· 100
1. 现场危险辨识与风险控制 ········· 100
2. 建立健全安全生产管理制度 ········· 106
3. 应急预案 ········· 107
4. 规定员工安全着装要求 ········· 107
5. 使用安全警示标志 ········· 107
6. 安全培训 ········· 111
7. 安全检查 ········· 113

四、有效开展安全精细化管理 ········· 116
1. 安全精细化管理的含义 ········· 116
2. 安全精细化的内容 ········· 116
3. 安全精细化管理过程中应注意的问题 ········· 117

第八章　素养养成的关键点 ········· 119

一、明晰素养的内涵与内容 ········· 120
1. 素养的含义及作用 ········· 120
2. 素养的内容及要求 ········· 120

二、把握素养的本质与要点 ········· 121
1. 素养的本质 ········· 121
2. 素养的推行要点 ········· 122

三、有效执行素养推行步骤 ········· 122
1. 建立共同遵守的制度 ········· 122
2. 建立系统科学的奖惩体系 ········· 124
3. 进行多样化的教育培训和活动 ········· 124
　　案例1　某企业6S管理的考核检查内容 ········· 126
　　案例2　某企业6S管理考核评比办法 ········· 127
　　案例3　某企业6S管理奖罚规定 ········· 129

四、大力推进改善提案完善 ········· 130
1. 改善提案的基本内容 ········· 130
2. 改善提案中的常见问题 ········· 133

第九章　6S管理的日常化与持续提升 ········· 136

一、科学开展6S活动的督导 ········· 137
1. 6S督导管理的概念 ········· 137
2. 6S督导人员的选择 ········· 137

二、开展6S管理的检查考核 138
1. 内部审核法 138
2. 考核评比法 144

三、建立现场6S的管理体系 155
1. 6S管理体系文件的内容 155
2. 6S管理体系文件编制的基本要求 156

四、推进6S管理活动标准化 157
1. 标准化的界定与目的 157
2. 6S标准化的要点和成效 158

五、促进6S管理活动习惯化 160
1. 6S管理活动习惯化的定义 160
2. 6S管理活动习惯化——企业的素养培育 160

六、确保6S活动的持续改进 163
1. 6S活动的预防功能 164
  案例 某企业工装夹具的预防整顿 166
2. 对6S管理活动预防功能实施状况的跟踪 166

参考文献 169

第一章

现场6S管理的基础知识

现场6S管理的功能

6S管理是指对生产现场中的人员、材料、方法等生产要素进行有效的管理,包括整理(seiri)、整顿(seiton)、清扫(seiso)、清洁(seiketsu)、素养(shitsuke)、安全(safety)6个要素,因其日语的罗马拼音均以"S"开头,故简称"6S"。

6S是一种行动,通过活动来改变人的思考方式和行为品质,从而提升公司的管理水准和员工的整体素质。

在6S活动得以彻底推进的企业,可以看到以下现象。

① 员工主动遵守规定。

② 员工守时,各项活动能够准时开展。

③ 管理状态一目了然。

- 员工的工作快捷有序,员工充满干劲。
- 员工的精神面貌良好,行为彬彬有礼。

6S管理的8种功能详解如表1-1所示。

表1-1 6S管理的8种功能详解表

功能	详解
1.亏损为零:6S管理是最佳营销员	① 被称赞为干净、整洁的现场; ② 产品无缺陷、声誉好,口碑在客户之间相传,客户越来越多; ③ 知名度很高,很多人慕名来参观; ④ 人们都以购买这家企业的产品为荣; ⑤ 人们希望来这家企业工作; ⑥ 以整洁为基础的企业有更大的发展空间
2.不良为零:6S管理是产品品质的保护者	① 产品按标准要求生产; ② 现场环境整洁、有序; ③ 检测仪器的正确使用和保养是确保产品品质的前提; ④ 干净、整洁的生产现场,可以提高员工的品质意识; ⑤ 设备的正常使用、保养,有助于降低次品的产生率; ⑥ 员工要知道预防问题的发生,而不仅仅是处理产生的问题
3.浪费为零:6S管理是节能高手	① 可以减少库存量,避免零件、半成品、成品的库存量过多; ② 避免台车、叉车、卡板、运输线等搬运工具的过剩; ③ 避免购置不必要的机器、设备; ④ 避免库房、货架、天棚过剩; ⑤ 避免"寻找""等待""避让"等动作引起的浪费; ⑥ 消除"拿起""放下""清点""搬运"等无附加值的动作
4.故障为零:6S管理是产品的保护伞	① 模具、工装夹具管理良好,调试、寻找时间减少; ② 实现工厂无尘化; ③ 无碎屑、碎块和漏油,经常擦拭和保养设备,设备运行良好; ④ 设备产能、人员效率稳定,综合效率可把握性高; ⑤ 每日进行使用点检,防患未然

续表

功能	详解
5.事故为零：6S管理是人员操作的安全带	① 生产现场宽敞、明亮，物流状态一目了然； ② 整理、整顿后，通道和休息场所等不会被占用； ③ 物品放置、搬运方法和积载高度，考虑安全因素； ④ 员工正确使用保护器具，不会违规作业； ⑤ 所有的设备都进行清洁、检修，能预先发现潜在的问题； ⑥ 人车分流，道路通畅； ⑦ "危险""注意"等警示标识明确； ⑧ 灭火器放置位置、逃生路线明确，消防设施齐备，安全有保障
6.投诉为零：6S管理是产品的推动者	① 员工能够正确地执行企业的各项规章制度； ② 员工到任何岗位都能够立即上岗作业； ③ 工作环境方便、舒适； ④ 每名员工都明白该怎么做，怎样才算做好； ⑤ 每天都有所改善、有所进步； ⑥ 产品品质稳定，能够如期实现生产目标
7.切换产品时间为零：6S管理是高效率的劳动者	① 工厂整洁、规范，机器正常运转，作业效率大幅度提升； ② 模具、工装夹具经过整顿，减少过多的寻找时间； ③ 彻底的6S管理，让初学者和员工一看就懂、快速上岗
8.缺勤为零：6S管理让员工爱上自己的工作岗位	① 无灰尘、无垃圾的生产现场让人心情愉快； ② 生产现场一目了然，没有勉强、浪费、不均衡等弊端； ③ 工作已仅成为一种乐趣，员工不会无故缺勤或旷工； ④ 6S管理能给人一种"只要大家努力，什么都能做到"的信念，让所有员工亲自动手进行改善； ⑤ 在有活力的一流工作场所，员工由衷地感到骄傲和自豪

 ## 现场6S管理的内容

1. 整理

将公司（工厂）内需要与不需要的东西（多余的工具、材料、半成品、成品、文具等）予以区分。把不需要的东西搬离工作场所，集中并分类，使工作现场只保留需要的东西，让工作现场整齐、漂亮，使工作人员能在舒适的环境中工作。整理的内容如表1-2所示。

表1-2 整理的内容

序号	内容	作用	效果
1	腾出空间	增加作业、仓储面积	节约资金
2	清除杂物	使通道顺畅、安全	保障安全
3	进行分类	减少寻找时间	提高效率
4	归类放置	防止误用、误发货	确保品质

2. 整顿

将已区分好的、在工作现场需要的东西予以定量、定点并进行标识,存放在要用时能随时可以拿到的地方,减少因寻找物品而浪费时间。

整顿三要素如表1-3所示。

表1-3 整顿三要素

序号	内容	作用	效果
1	场所	区域划分明确	一目了然
2	方法	放置方法明确	便于拿取
3	标识	避免、减少差错	提高效率

整顿三原则如表1-4所示。

表1-4 整顿三原则

序号	内容	原则	方法
1	定位	明确具体的放置位置	分隔区域
2	定品	明确容器大小、材质、颜色	颜色区分
3	定量	规定合适的重量、数量、高度	标识明确

3. 清扫

使工作场所没有垃圾、脏污,设备没有灰尘、油污,也就是将整理、整顿过的要用的东西时常予以清扫,保持随时能用的状态,这是清扫的第一个目的;清扫的第二个目的是在清扫的过程中通过目视、触摸、嗅、听来发现不正常的根源并予以改善。"清扫"是要把表面及里面(看到和看不到的地方)清扫干净。

清扫的目的及作用如表1-5所示。

表1-5 清扫的目的及作用

序号	目的	作用
1	提升作业质量	提高设备性能
2	改善工作环境	减少设备故障
3	"无尘化"车间	提高产品质量
4	目标"零故障"	减少伤害事故

4. 清洁

将整理、整顿、清扫后的清洁状态予以维持,最重要的是找出根源并予以排除。例如,工作场所脏污的源头、造成设备油污的漏油点等。

清洁的作用和要点如表1-6所示。

表1-6 清洁的作用和要点

序号	作用	要点
1	培养良好的工作习惯	职责明确
2	形成企业文化	重视标准化管理
3	维持和持续改善	形成考核成绩
4	提高工作效率	强化新人教育

5. 素养

使全员参与整理、整顿、清扫、清洁的工作，保持整齐、清洁的工作环境，为了做好这项工作而制定各项相关标准供大家遵守，让大家都能养成遵守标准的习惯。

素养推行要领和方法如表1-7所示。

表1-7 素养推行要领和方法

序号	推行要领	方法
1	制定规章制度	利用早会、周会进行教育
2	识别员工标准	服装、厂牌、工作帽等识别
3	开展奖励制度	进行知识测验评选活动
4	推行礼貌活动	举办板报、漫画活动

6. 安全

将工作场所里可能造成安全事故的发生源（地面油污、过道堵塞、安全门被堵塞、灭火器失效、材料和成品堆积过高等）予以排除或预防。

安全管理的目的：保障员工的安全，保证生产正常运转，减少经济损失，采取紧急对应措施。

执行的方法：安全隐患识别，实行现场巡视。

现场6S管理的目的

现场6S管理的基本目的包括三个方面。

① 培养员工的主动性和积极性。
② 创造人和设备都适宜的环境。
③ 培养员工的团队精神与合作精神。

实际上，从企业现场管理的角度来看，现场6S管理的目的可以简洁地表述为两个：一是全面提升企业管理水平，从本质上改善企业的经营状况；二是驱动企业员工养成良好的工作习惯，提升员工的素养与品质。

6S管理的落脚点在于企业员工素养的形成，有效的6S管理能让员工形成以下理念。

① 6S是我日常工作中不可分割的一部分。

② 我是6S工作实施的第一执行人，我有责任和义务保持个人责任区域环境整洁美观、物品干净有序的状态。

③ 我有责任和义务帮助团队成员察觉6S工作的不足或缺陷，提升我们团队整体的6S水平。

④ 工作不息，6S不止。

现场6S管理的目的如图1-1所示。

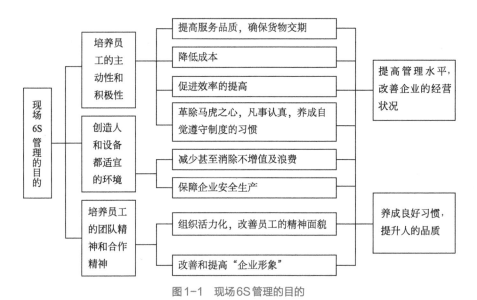

图1-1　现场6S管理的目的

第二章

现场6S管理推行关键点

一　消除对6S管理的八大误区

1. 形象工程误区

错误认识：领导层人员认为推行6S是形象工程，其他人员跟着敷衍了事。比如，把看得见的地方搞得很漂亮，而看不见的地方则纹丝未动。

解决方法：解决领导认识问题。例如，让领导参加一些高水平的培训，改变思想观念。通过培训让大家认识到形象工程的本质和坏处；通过外部的公开检查，发现问题本质，揭穿面子工程的假面具，消除错误认识。

2. 过度规范化误区

错误认识：为了规范化，搞一刀切，结果把一些本不该规范的东西也实施了规范化管理。

解决方法：通过培训、学习让员工改变认识，理解6S管理的真正精髓；及时检查督促，早发现，早纠正，防止不良后果和影响；和个别比较偏执的企业管理人员谈谈心，对其进行纠正与启发，在纠正无效时换人。

3. 形式检查误区

错误认识：把检查当灵丹妙药，频繁实施检查。检查前先规定好时间、对象，提前发出通知，要求大家做好准备；检查时按事先的安排进行检查，虽然检查比较细致，但都取得了好成绩。

解决方法：推进6S管理需要检查，但检查的目的是及时发现问题，并予以督促。组织机构要开会交流，以消除人员的错误认识；管理层要发出倡议，成绩不重要，不以成败论英雄。

4. 过时管理误区

错误认识：有一些人认为6S管理的内容是老生常谈的话题，6S管理早搞过了，而且搞过好多次，不需要再搞了。

解决方法：通过培训、参观的途径让人们改变认识。一是理解6S管理不是一劳永逸的活动，而是一种需要持之以恒的管理方法；二是了解同样推行6S，为什么有的人取得的效果与别人大不一样；三是从根本上认知6S管理的宗旨，即通过最基本的规范管理打造整洁的环境，建立井然的秩序，促使人员养成良好的习惯，最终提高素质。

5. 快出效果误区

错误认识：一些企业及其管理人员迫于某种压力或者自己求功心切，希望6S管理短期内快出效果，往往急躁冒进，在推行过程中采取很多过激的措施，结果却是揠苗助长。

解决方法：一是找出压力大的源头，然后分析其性质，有针对性地采取对策及措施；二是由企业领导出面，疏解那些压力；三是企业在决定推行6S管理时，必须先策划与计划，然后号召全体人员按计划稳步推进。

6. 自觉行动误区

错误认识：有些部门自认为自己部门的员工素质高，只要把标准、要求等文件做好，员工便能自觉执行，自负责任地搞好6S管理，很少进行检查，也疏于督促。

解决方法：一是培训人员，学习戴明圆环原理（PDCA循环）；二是制定制度，广泛贯彻，并现身说法，引导实施；三是选用敢于真抓实干的管理人员，从严要求地从自我做起；四是建立定期督导、检查机制；五是定期开会，评价效果。

7. 以罚代管误区

错误认识：有些部门认为员工素质太差，尤其是6S管理方面这些琐碎的事情，期待重罚见效。所以，制定了很多严厉的制度，大力处罚，而疏于培训、教育。

解决方法：一是培训人员，学习先进的管理知识；二是倡导人性化管理，让人人都树立"我很重要"的思想；三是借鉴优秀单位的做法，修改制度；四是派员学习考察先进单位，让他们亲身感受先进的成果。

8. 全员参与误区

错误认识：有些部门考虑到实际情况的特殊影响，对个别人员免除6S管理的具体事务，认为这样做不影响大局，从而没有真正做到全员参与。

解决方法：一是培训人员，学习楷模；二是教育企业高级管理人员，改正有关企业文化方面的错误做法；三是让重要人员起带头作用，引导全体人员积极参与；四是采取严格的制度化管理措施，做到"一碗水端平"。

按照六大步骤推进6S活动

1. 成立6S活动推行组织，明确组织职责

（1）根据企业管理现状，制定6S活动导入程序框架与流程图

6S活动导入程序框架与流程如图2-1所示。

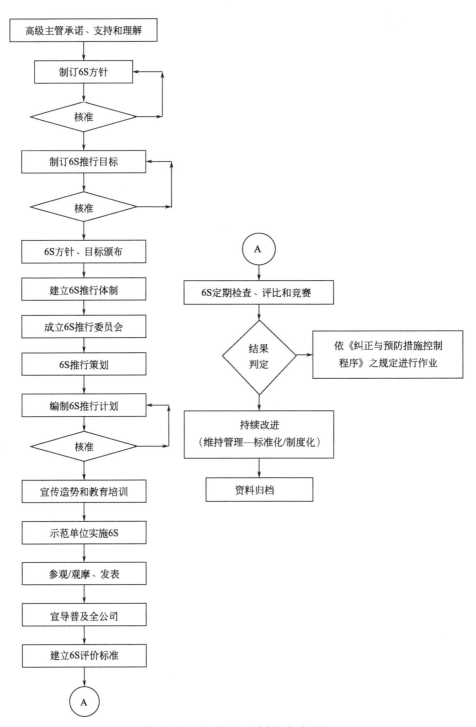

图2-1 6S活动导入程序框架与流程图

（2）成立企业6S推行委员会

建议由企业主要领导直接负责，结合组织力量，形成体系的保障。一般建议实行扁平化管理，就是企业层面成立推行委员会，接下来直接划分责任区。有了这样一个扁平化的推进组织，直接可以落实到一线，同时要有效划分责任区和责任人。

推行委员会组织结构如图2-2所示。

推行委员会职位设置：主任委员、副主任委员、执行秘书、干事、文员、委员。

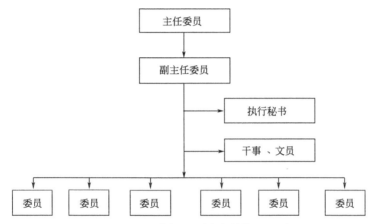

图2-2　推行委员会组织结构图

推行委员会注意事项如下。

① 层次不宜太多（3～4层为宜）。
② 成员精干，有主见和热情，有影响力和号召力。
③ 活动过少达不到效果，过多影响正常的工作，一般为每周一次。
④ 责任明确，分工协作，各展所长。
⑤ 赋予权力，配备足够的资源（如经费、办公场所）等。

（3）以文件形式明确推行小组的职责

推行小组职责：负责6S活动的计划和工作的开展；设定6S方针和目标；确定6S推进的方法、方案；制订推进计划及策划推进活动；实施6S教育培训；制定6S考核评价标准；建立6S监督检查体系。

主任委员职责：负责6S小组的运作，指挥和监督所属组员。

副主任委员职责：参与制订、修订6S活动计划，确实执行主任委员的命令；拟定各种活动办法；负责进行本部门的宣传教育，推动6S活动的开展；负责活动的定期审核、定期检讨与改善；进行活动指导及争议的处理；处理其他有关6S活动事务。

干事职责：拟订推行方案，召集会议和整理资料；筹划、推动相关活动。

文员职责：负责小组的行政、文书工作，负责评比分数的统计和公布。

某公司6S推行策划

为确保6S活动全面、持续、有效地切实推行，公司特成立6S推行委员会，以对公司所有的工作场所进行整理、整顿，使生产设施处于清洁、整齐、有序的状态，并持续不断地改善工作环境的条件，以提高员工的工作积极性和工作效率，为确保产品质量创造条件。公司现对其职责和权限及相关事项公布如下。

1. 6S推行组织结构（即6S推行委员会）

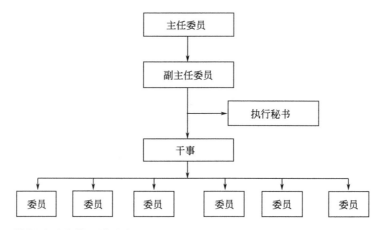

2. 6S推行委员会的职责和权限

（1）6S推行委员会

① 负责制定6S方针和6S推行目标。

② 负责6S活动的策划和建立6S活动监督检查体系。

③ 负责6S活动推行计划的编制及开展工作的实施和执行。

④ 制定6S活动评估、考核标准，评价6S活动的推行改善成果。

⑤ 实施6S教育培训。

（2）主任委员

① 策划和主导6S推行活动，批准和颁布6S方针及6S推行目标。

② 批准6S活动推行计划和培训计划，负责6S推行委员会的运作，并指挥监督所属委员。

③ 向公司最高管理者报告6S活动的推行状况和绩效，以及任何改进建议。

（3）副主任委员

① 协助主任委员处理推行委员会的相关事务，并于主任委员授权时，代理其行使职务。

② 负责6S推行活动的全程计划的执行和管制。

（4）执行秘书
① 负责6S推行委员会的行政、文书等日常工作。
② 负责6S活动的奖品管理。
③ 负责6S推行活动评比分数的统计和公布。
（5）干事
① 拟订6S推行活动方案。
② 召集6S讨论会议和整理与6S有关的文件、资料。
③ 筹划、推动与6S相关的活动。
（6）委员
① 共同参与制订6S活动计划并实施和执行，确实执行主任委员的命令，参与6S活动的评比活动。
② 拟定6S推行活动的办法及实施和执行本部门的6S培训工作。
③ 完成6S推行活动的诊断表、评分表。
④ 负责责任范围内6S推行活动的规划和推进。
⑤ 进行6S推行活动的宣传教育，推动6S活动的开展等。
⑥ 定期对6S推行活动进行检查、检讨、推动、改善等。
⑦ 进行6S推行活动指导及处理有争议的相关事项。
⑧ 处理其他有关6S活动的相关事务。

3. 工作项目
① 定期举行6S培训（每月至少1次）。
② 定期进行6S检查。
③ 主持6S活动。
④ 6S活动竞赛评比、奖励。
⑤ 6S方针、6S推行目标的制订和颁布。

4. 6S活动竞赛评比
（1）评比准则
遵守6S行为规范。
（2）评比方式
① 部门分数评比：6S推行委员会成员共同评分。
② 个人分数评比：6S推行委员会成员共同评分。
6S推行委员会根据以上评比结果，最终确定优秀和差的部门及个人。
（3）评比时间
每月27—31日。
（4）评比等级分类
一等级（优秀）：95～100分，部门为1个，个人为5人。
二等级（良好）：80～94分，部门为1个，个人为10人。

三等级（尚可）：60~79分。

四等级（差）：59分以下，部门为1个，个人不超过3人。

（5）颁奖时间

每月5—10日。

（6）奖品

① 部门一等奖奖品为人民币1000元，并颁发"6S优秀锦旗（红色）"一面；个人一等奖奖品为人民币300元。

② 部门二等奖奖品为人民币600元，个人二等奖奖品为人民币200元。

③ 部门三等奖奖品为人民币300元，个人三等奖奖品为人民币100元。

④ 对被评比为差的部门罚款人民币1000元，并颁发"6S改进锦旗（白色）"一面；对被评比为差的个人罚款人民币200元。

5. 责任的划分

各组划分详见下表。

组别	1	2	3	4	5	6
组名	综管组	订推组	物流组	技术组	品质组	财务组
组长	部门经理	部门经理	部门经理	部门经理	部门经理	部门经理

6. 设立6S展览走廊

① 将每月6S评比为优秀和差的部门的实际状况拍照陈列展出。

② 将每月6S评比为优秀的部门改善前后的对比照片陈列展出。

③ 在上下班刷卡区，或在餐厅/通往卫生间的过道建立6S展览走廊。

2. 6S活动的六大步骤

（1）拟定企业6S活动推行方针及目标

推行方针：制定方针作为6S活动的指导原则。

推行目标：6S活动期望的目标应先设定，以作为活动努力的方向及用于执行过程的成果检讨。

（2）管理审计与诊断

明确企业6S活动推行前的管理现状，以及推行6S的重点、侧重点和难点。

（3）收集资料

收集6S相关的资料，如推行手册、标语、培训资料、其他厂的案例等，为后面的工作做准备。

（4）划分责任区域

实行区域责任制，将现场划分为若干个区域并指定负责人。根据初次6S会议讨论的结果，由各部门主管负责将本部门划分为若干个区域，并指定区域负责人，以书面的形式上交6S小组。办公室的负责人是职能部门的责任人，办公室的成员不只是这个部门的人员，还有相关责任区域的人员。设定责任区域，明确责任人。责任区域明确出来后，要有责任牌，标明责任人和责任区域，从大区域到细致区域，甚至为了落实好6S，每一个车间班组内部要责任到人，公司层面只要管到具体的6S责任区域即可。

（5）拟订工作计划

6S活动的推行，除有明确的目标外，还须拟订活动计划表，并经最高主管核准，以确定工作进度。6S活动分为三个阶段，即准备阶段、实施评估阶段、巩固阶段。

（6）制定实施办法

由6S小组干事负责草拟活动办法（包括试行方案），经6S推行小组组长、组员会签，并在会签表上签写意见，然后在小组会议上共同讨论，最终达成共识，作为6S活动的实施办法。

6S活动实施办法的内容包括制定"要"与"不要"的东西的区分方法、6S活动评分方法、6S活动审核方法、6S活动的评比及奖惩方法等相关规定。

6S活动的导入应采取分步走的推进方式，即不论是在部门内做样板，还是面向全企业导入，都采取先做好整理，整理合格后再做整顿，整顿合格后再做好清扫，最后做好清洁、素养与安全，进而达到6S活动的全面开展。分步走的每一步都要按期审核、验收，在做下一步的同时必须保持前一步的成果。

强化6S管理知识体系培训

推行6S管理必须认识到位。很多企业都邀请专家或老师讲课，但是，能够听课的毕竟是企业中的少数人，绝大多数在工作现场的一线员工没有机会听课。因此，企业应该通过各种有效途径向全体人员解释说明实施6S管理的必要性，以及相应的内容。例如，企业可以利用新员工入职培训、早会等时间进行说明，还可以通过宣传栏、板报等多种形式进行宣传教育。

通过教育、培训让员工了解6S管理能给工作及自己带来的好处，从而主动地去做，与被别人强迫着去做其效果是完全不同的。教育形式要多样化，讲课、放录像、观摩他厂案例或样板区域、发放学习推行手册等方式均可视情况加以采用。对员工的教育培训方式大致有以下几种。

1. 新员工入职培训

新员工入职培训是向新员工介绍企业基本情况、岗位职责、企业文化等的一种培训方法。许多企业在新员工入职后的前三天里，安排其进行6S培训及到现场从事各种各样的6S工作。新员工往往会在入职后的几小时或几天内对该企业形成某种认识并做出评价，这种认识和评价将直接影响到他们以后的工作。

2. 各部门对全员进行教育

在6S推进过程中，如果得到了员工的积极配合，推进工作将会简便很多。这就需要员工对6S的推行目的、原因、内容及实施办法有所了解，消除员工思想意识上的障碍。

3. 使用各种宣传工具

在6S推行过程中，适当地使用一些宣传手段辅助培训教育的进行，将会取得一些意想不到的效果。

① 利用公司的内部刊物宣传介绍6S管理。
② 利用公司的板报进行宣传，表彰先进，并公布一些执行较差的单位名称。
③ 举办6S管理征文活动或者6S管理海报、漫画、标语等设计大赛。
④ 利用定点摄影的方式，定期照相追踪，不断超越。

四 加强6S管理效果评比审核

1. 确定考评标准

在确定评估考核方法的过程中，必须有一套合适的考评标准，并在不同的系统内因地制宜地使用相应的标准。

① 对企业内所有生产现场的6S管理考评都依照同一种现场标准进行打分。
② 对办公区域的6S管理考评则应该按照另一套标准打分。

2. 评比审核及评价

为评价6S管理推行效果是否符合公司的期望和要求而进行的内部自我检查，即为公司的评比审核。评比审核也可以用于发现今后改善的方向及改善的可能性。

要想使评比审核具有可行性与可靠性，制定科学的考核与评分标准十分重要。有的企业制定的考核标准难以量化，从而使标准失去可操作性，6S管理的推行也因此陷入困境。因此，企业制定一套具有高度可行性、科学性的6S管理考评标准非常必要。

评价的等级有多种。比如，有些企业用A的数量来表示好坏，AAA级6S管理部门（区域），AA级6S管理部门（区域），A级6S管理部门（区域）；有些企业通过颜色进行区分，分为绿、黄、红"三色管理"，绿色表示"优"，黄色表示"良"，红色表示"差"；有些企业采取优、良、中、差、劣五级进行评价。评比审核后，还应针对在审核中发现的问题，提出评估意见，并提出改进措施和改进计划，使6S管理的水准不断进步和提高。

6S班组评比示意图，如图2-3所示。

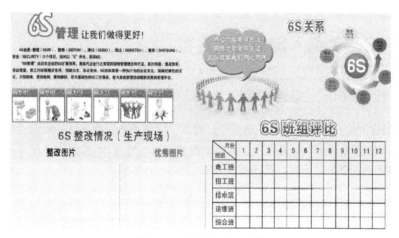

图2-3　6S班组评比示意图

3. 激励、考核及竞赛

通过公布6S推行效果对员工进行激励，调动员工的积极性。激励一般有两种：一种是精神激励；一种是物质激励。

（1）采取相应的奖励和处罚措施

适当的奖罚考核是提高员工积极性的动力。每个月进行2次6S管理考核与评估，并在下一个月6S管理推行初期将成绩公布出来，对表现优秀的部门和个人给予适当的奖励，对表现差或不能达标的部门和个人给予一定的处罚，让其产生改进的动力。奖励和处罚标准可以结合企业制度来制定，奖励要让大家心动，处罚要让个别人心痛，这对调动大家的积极性是有效的。

（2）精神激励

在6S管理的推行过程中，不可以忽略精神激励的作用。精神激励有时候可能比金钱激励更见成效。很多公司通过改善前后的对比来激发员工的成就感。在6S管理活动开展前，可以通过现场拍照、录像等方式，将工作现场的实况拍录下来；推行6S管理后，再对改善的现场进行拍照、录像。把推行6S管理前后的照片、录像展示出来，对参加改善工作的员工的工作进行肯定，充分地激发员工的成就感和自豪感，同时也可以起到鞭策和鼓励后进人员的作用。

（3）6S管理考核及竞赛

考核及竞赛的方法也是充分激发员工积极性的有效途径，通过评分考核及竞赛结果的公布来增强员工的集体荣誉感，以激励员工更努力地工作。

6S活动纳入定期管理内容

1. 检讨修正，总结提高

6S管理的推行重在检讨修正进而总结提高。问题是永远存在的，每次考核都会遇到问题，6S管理是一个永无休止、不断提高的过程。随着6S管理水平的提高，可以适当修改和调整考核的标准，逐步严格考核标准。

2. 全面推进6S管理

当6S管理样板区推行成功后，就应该依照以前的工作标准、工作规范等体系在公司各个部门全面横向展开，在推进过程中应注意以下几点。

（1）教育培训

6S管理推行组织的首要任务是对全体成员进行教育培训，使员工能够在充分认识6S管理的基础上，在细微的活动中提高自身素质。另外，作为消除浪费和推行持续改善活动的组织，如何使活动维持在一个较为理想的水平，教育培训也是一个关键的因素。评价这个组织是否成功，不是看它做了多少事，而是看大家做得怎么样。

（2）领导的强有力支持

领导的强有力支持十分重要，这种支持绝不是停留在口头上，而是尽量做到出席推行委员会会议，与推行办公室的人员一起参加公司级的6S管理评比，在公司调度会议、工作会议上不断强调6S管理的重要性，对好的部门给予称赞，对差的部门给予批评与督促。调动公司内部各种力量为推行6S管理服务。声势浩大的气势将使得各种明处的阻力大幅度减少，对顺利推行6S管理十分有益。

（3）全员参与

影响企业6S管理水平高低的一个决定性因素就是全员参与的程度，一个企业仅靠企业高层参与是不够的，只有全员参与并且把大多数员工的热情激发出来，6S管理才能发挥最大的作用。

（4）区域责任制

将6S管理的要求具体落实到部门、生产现场的可操作性内容上，依照在样板区中推行的制度、标准，将员工的工作规范化，将工作区域划分到个人，并让每个员工都清楚地知道自己的工作内容，引导员工运用5W2H［Why（为什么要做）、What（做什么）、Where（在哪里做）、When（何时做）、Who（由谁来做）、How（怎么做）、How much（做到什么程度）］的方法来解决问题，把6S管理工作落到实处。

3. 纳入定期管理活动中

在使6S管理逐渐走向正轨之后，就要考虑将6S管理纳入定期管理活动之中，使6S管理效果得以维持。同时，将日常维护纳入公司的人事考核中，与奖金挂钩，与职务升降挂钩，避免出现"一紧、二松、三垮台、四重来"的现象。例如，可以导入一些6S管理加强月(包括红牌作战月、目视管理月等）活动：每三个月进行一次红牌作战月活动，每三个月或半年进行一次目视管理月活动。通过这些好的方法，可以使企业的6S管理得到巩固和提高。

Chapter Three

第三章

整理推行的
关键点

一 科学把握整理的内涵与内容

1. 整理的概念及对象

整理是指区分需要与不需要的事、物,再对不需要的事、物加以处理。在现场工作环境中,区分需要的和不需要的工具及文件等物品,对于提高工作效率很有必要。

整理是改善生产现场的第一步。首先应对生产现场摆放和停置的各种物品进行分类,然后对于现场不需要的物品,诸如用剩的材料、多余的半成品、切下的料头、切屑、垃圾、废品、用完的工具、报废的设备、个人生活用品等,坚决清理出现场。

整理的对象主要是现场被占用而无效用的"空间"。

2. 整理的目的与作用

(1) 整理的目的

基于工作效率提升以及安全生产的主要目的,整理是必要的,实际上是消除废物产生的工作流程上的变动性,确保流程稳定运行。具体来说,整理有以下几个基本目的。

① 腾出空间,空间活用。生产现场经常会滞留一些残余的物料、待修品、待返品、报废品等,这些东西既占据现场空间又阻碍现场生产,必须将这些东西从生产现场清理出去,从而留给作业人员更多的作业空间,以方便操作。

② 减少库存,节约资金。生产现场摆放不需要的物品是浪费,如果不经常清理,即使敞亮的工作现场也将越来越小,公司要建各种名目的仓库,甚至要不断扩建厂房;货品杂乱无章地摆放,会增加盘点的难度,甚至使盘点的精度大打折扣,导致成本核算失准。通过整理,就会避免货品因摆放混乱找不到而重新采购所带来的资金浪费,同时有利于控制库存。

③ 减少磕碰机会,提高产品质量。生产现场往往有一些无法使用的工装夹具、量具、机器设备,如果不及时清理它们,时间长了,现场就会变得凌乱不堪。通常,这些地方是管理的死角,也是灰尘的堆场。在一些对无尘要求相当高的工厂,将会直接影响产品质量,通过整理就可以把这一质量影响因素消除。

④ 消除管理上的混放、混料等差错。未经整理的工作现场,大量的零部件杂乱无章地堆放在一起,会给管理工作带来难度,也容易形成安全隐患,很容易带来工作上的差错。

(2) 整理的作用

整理的作用主要表现在两个方面:一是规避浪费;二是提升工作效率与减少安全隐患。

① 规避浪费。
- 空间浪费。
- 资金浪费。例如，因零件或产品过期而不能使用造成的浪费。
- 工时浪费。例如，因场所狭窄，物品时常不断地移动造成的浪费。
- 管理非必需品的场地和人力浪费。例如，花时间去管那些没有必要的东西，就会造成场地和人力资源的浪费。
- 时间浪费。例如，因库存管理以及盘点而造成的浪费。

② 提升工作效率与减少安全隐患。
- 能使现场无杂物，过道通畅，增大作业空间，提高工作效率。
- 减少碰撞，保障生产安全，提高产品质量。
- 消除混杂材料的差错。
- 有利于减少库存，节约资金。
- 使员工心情舒畅，工作热情高涨。

 明确整理重点与实施流程

1. 整理的重点

从工作现场的要求出发，整理的重点如下。
① 明确定出实施整理的范围。
② 规划出"不要物"的暂放区，明确"要"与"不要"的标准。
③ 通过教育培训让全员了解"不要物"的标准及整理的概念。
④ 决定实施整理的时间，并将整理用具提前备妥。
⑤ 明确每个成员负责的区域，依照标准及范围实施整理。
⑥ 定期不断实施且定期巡回检查。
⑦ 整理后，马上进行整顿工作，二者连续不可分。

2. 整理的实施流程

整理实施流程如表3-1所示。

表3-1 整理实施流程表

流程	权责单位	重点事项	使用表单
定点摄影	6S推行委员会	选定现场6S改善点，将现场的实际状况拍摄下来，作为企业未来改善的依据	
制定"要"与"不要"的标准	6S推行委员会	制定现场物品"要"与"不要"的标准，作为6S整理的依据	"要"与"不要"的标准表

续表

流程	权责单位	重点事项	使用表单
红牌子制作	6S推行委员会	制作红牌子,让现场不要物品能够一目了然	
制定不要物品处理流程	6S推行委员会	制定不要物品处理流程和权限,使得现场整理出来的物品能够得到尽快处理	
实施整理	6S稽核员	红牌子作战,严格根据标准实施各部门交叉整理,将不要物品清理出现场	
不要物品处理	权责部门	清理出来的不要物品按照处理流程和权限进行处理	不要物品一览表

精准把握整理的实施要点

整理实施要点就是将现场摆放的物品清理出来并进行分类,然后按照判断基准区分物品的使用等级,进而决定是否需要该物品。整理的关键在于制定合理的判定基准。在整理中有三个非常重要的基准:"要"与"不要"的基准(必要品与非必要品的判别及处理)、明确场所的基准、废弃处理的准则。

1. 必要品与非必要品的判别及处理

必要品是指经常必须使用的物品。如果没有它,就必须购入替代品,否则就会影响工作。

非必要品则可以分为两种。

① 使用周期较长的物品,即一个月、三个月甚至半年才使用一次的物品,如样品、图纸、零配件等。

② 对目前的生产或工作无任何作用的,需要报废的物品,如过期的图纸、样品等。

在生产运营现场或者办公场所,需要对"必要"与"非必要"物品进行分类,为此就必须有一个分类标准。这个分类标准的依据是物品使用频率。

必要品和非必要品的区分与处理方法如表3-2所示。

表3-2 必要品和非必要品的区分与处理方法

类别	使用频率	处理方法	备注
必要品	每小时	放工作台上或随身携带	
	每天	现场存放(工作台附近)	
	每周	现场存放	

续表

类别	使用频率		处理方法	备注
非必要品	每月		仓库存储	
	三个月		仓库存储	定期检查
	半年		仓库存储	定期检查
	一年		仓库存储（封存）	定期检查
	二年		仓库存储（封存）	定期检查
	未定	有用	仓库存储	定期检查
		不需要用	变卖/废弃	定期清理
	不能用		废弃/变卖	立刻废弃

属于"必要品"类别的如下。
- 正常的设备、机器或电气装置。
- 附属设备（滑台、工作台、料架）。
- 台车、推车、堆高机。
- 正常使用中的工具。
- 正常的工作椅、板凳。
- 尚有使用价值的消耗用品。
- 原材料、半成品、成品。
- 尚有利用价值的边料。
- 垫板、塑胶框、防尘用品。
- 使用中的垃圾桶、垃圾袋。
- 使用中的样品。
- 办公用品、文具。
- 使用中的清洁用品。
- 美化用的海报、看板。
- 推行中的活动海报、看板。
- 有用的书稿、杂志、报表。
- 其他（私人用品）。

属于"非必要品"类别的如下。

① 地板上。
- 废纸、灰尘、杂物、烟蒂。
- 油污。
- 不再使用的设备台、工装夹具、模具。
- 不再使用的办公用品、垃圾筒。
- 破垫板、纸箱、抹布、破篮筐。

- 呆料或过期样品。

② 桌子或橱柜。
- 破旧的书籍、报纸。
- 破椅垫。
- 老旧无用的报表、账本。
- 损耗的工具、余料、样品。

③ 墙壁上的物件。
- 蜘蛛网。
- 过期海报、看报。
- 无用的提案箱、卡片箱、挂架。
- 过时的月历、标语。
- 损坏的时钟。

④ 吊着的物件。
- 工作台上过期的作业指示书。
- 不再使用的配线、配管。
- 不再使用的老吊扇。
- 不堪使用的手工夹具。
- 更改前的部门牌。

办公桌上"要"（允许放置）及"不要"（不允许放置）的物品如表3-3所示。

表3-3 办公桌上"要"（允许放置）及"不要"（不允许放置）的物品

"要"（允许放置）	"不要"（不允许放置）
① 电话号码本1个； ② 台历1个； ③ 三层文件架1个； ④ 电话机1部； ⑤ 笔筒1个； ⑥ 电脑1台	① 照片（如玻璃板下）； ② 图片（如玻璃板下）； ③ 文件夹（工作时间除外）； ④ 工作服； ⑤ 工作帽

案例 某加工企业"非必要"物品的种类

（1）无使用价值的物品

① 不能使用的旧手套、破布、砂纸。

② 损坏了的钻头、丝锥、磨石。

③ 已损坏而无法使用的锤、套筒、刃具等工具。

④ 精度不准的千分尺、卡尺等测量器具。

⑤ 不能使用的工装夹具。

⑥ 破烂的垃圾桶、包装箱。

⑦ 过时的报表、资料。

⑧ 枯死的花卉。

⑨ 停止使用的标准书。

⑩ 无法修理好的器具、设备等。

⑪ 过期、变质的物品。

（2）不使用的物品

① 目前已不生产的产品的零件或半成品。

② 已无保留价值的试验品或样品。

③ 多余的办公桌椅。

④ 已切换机种的生产设备。

⑤ 已停产产品的原材料。

⑥ 安装中央空调后的落地扇、吊扇。

（3）销售不出去的产品

① 目前没登记在产品目录上的产品。

② 已经过时、不合潮流的产品。

③ 因预测失误而造成生产过剩的产品。

④ 因生锈等原因不能销售的产品。

⑤ 有使用缺陷的产品。

⑥ 积压的不能流通的特制产品。

（4）多余的装配零件

① 没必要装配的零件。

② 能通用化的尽量通用化。

③ 设计时应从安全、品质、操作等方面考虑，能减少的尽量减少。

（5）造成生产不便的物品

① 取放物品不方便的盒子。

② 为了搬运、传递而经常要打开或关上的门。

③ 让人绕道而行的隔墙。

（6）占据工厂重要位置的闲置设置

① 已不使用的旧设备。

② 偶尔使用的设备。

③ 领导盲目购买的，没有任何使用价值的设备。

（7）不良品与良品分开摆放

① 设置不良品放置场。

② 规定不良品的标识方法。

③ 谁都知道那是不良品。
④ 工作岗位上只能摆放当天工作所需的必需品。
⑤ 规定不良品的处置方法和处置时间、流程。
（8）减少滞留，谋求通道畅通
① 工厂是否被零件或半成品塞满。
② 工厂通道或靠墙的地方，是否摆满了卡板或推车。

2. 明确场所的基准

场所的基准是指到底在什么地方放置"要"与"不要"的物品，可以根据物品的使用次数、使用频率来判定物品应该放在什么地方才合适。制定场所的基准时应对保管对象进行分析，根据物品的使用频率来明确物品应放置的适当场所，做出保管场所分析表。保管场所分析如表3-4所示。

表3-4　保管场所分析表

序号	物品名称	使用频率	归类	是必需品还是非必需品	保管场所
1		1年没用过1次			
2		也许要用的物品			
3		3个月用1次			
4		1星期用1次			
5		3天用1次			
6		每天都用			

明确保管场所的标准，尽量不要按照个人的经验来判断，否则无法体现出6S管理的科学性。

明确场所的基准表如表3-5所示。

表3-5　明确场所的基准表

类别	使用频率	处理方法	保管场所
不用	1年不用1次的物品	废弃或特别处理	待处理区
少用	平均2个月到1年使用1次的物品	分类管理	集中场所（如工具室、仓库）
普通	平均1—2个月使用1次的物品	置于工作场所	各摆放区
常用	1周使用1次的物品	置于使用地点附近	如机台旁、流水线旁、个人工具箱内
经常用	1周内多次使用的物品	置于工作区随手可得的地方	

3. 废弃处理的准则

工作失误、市场变化等因素，是企业或个人无法控制的，因此，"不要物"是永远存在的。对于"不要物"的处理方法，通常要按照两个原则来执行。

第一，区分申请部门与判定部门。

第二，由一个统一的部门来处理"不要物"。例如，质检科负责不用物料的档案管理和判定工作；设备科负责不用设备、工具、仪表、计量器具的档案管理和判定工作；工厂办公室负责不用物品的审核、判定、申报工作；采运部、销售部负责不要物的处置工作；财务部负责不要物处置资金的管理工作。不要物处理审核清单如表3-6所示。

表3-6 不要物处理审核清单

单位：　　　　　　　　　　　　　　　　　　　　　　　　　　年　月　日

物品名称	型号规格	数量	不要原因	责任部门处理意见	工厂处理意见	主管经理处理意见

主管经理审核：　　　　　　　　申报单位主管审核：　　　　　　　　申报人：

在6S管理活动的整理过程中，需要强调的重要意识之一就是，我们看重的是物品的使用价值，而不是原来的购买价值。物品的原购买价格再高，如果企业在相当长的时间内没有使用该物品的需要，那么这件物品的使用价值就不高，应该处理的就要及时处理掉。很多企业认为，有些物品几年以后可能还会用到，舍不得处理掉，结果导致无用品过多的堆积，既不利于现场的规范、整洁和高效率，又需要付出不菲的存储费用，最为重要的是妨碍管理人员树立科学的管理意识。因此，现场管理者一定要认识到，不要物品处理带来的效益远远大于物品的残值。

 有效执行整理的实施步骤

在实施整理的过程中，要增加场地的空间，把东西整理好，把"必需品"和"非必需品"区分开，将工作场所整理干净。如果还把非必需品也整齐地与必需品摆在一起，那就很容易弄不清所需要的物品应是哪一个，而且还会因放置非必需品而放不下必需品。所以，整理工作要严格按照以下步骤完成。

1. 建立共同认识

坚决扔掉"不要品"的目的是腾出更多的空间来整顿必要品，节约寻找物品的时间，提高工作效率。但有些员工打着整理的旗号，趁机对产品大肆更新一番，或者有些平时对企业不满的员工会毫不犹豫地把要与不要的物品全部扔掉，造成意想不到的浪费。因此，在整理之前，企业与员工必须建立共识。

另外，整理还有一种阻力，那就是认为"全部都有用"或"全部不能用"，这样的观点经常来自工程技术人员。因为他们总认为这些物品不管存放多久，总有一天会用得到，所以他们为了避免这些东西被扔掉，就会将这些东西藏起来、盖起来，完全违背6S的精神及原则。企业与员工只有取得观念上的共识，企业才能下发整理的措施，才能保证员工完成规定的整理要求，不然也只是流于形式。6S之所以在很多企业推行不下去，就是因为很多企业不能真正地改变员工的思想意识。

2. 全面检查工作现场

对工作场所进行全面性检查，包括眼睛能看到的和看不到的地方。眼睛看不到的地方，如设备内部、文件柜顶部、桌子底部，特别是设备内部。全面检查工作现场，归纳起来就是两点：一是看到的要进行整理；二是看不到的更要进行整理。

可以采用定点摄影的方法对同一场所6S实施前后的情况进行拍摄，以便了解实施6S整理的效果，点检出哪些东西是不需要的和多余的。具体检查要求如下。

（1）办公场地（包括现场办公桌区域）检查内容

办公室抽屉，文件柜的文件、书籍、档案、图表，办公桌上的物品、测试品、样品，公告栏，看板，墙上的标语、月历等。

（2）地面（特别注意内部、死角）检查内容

机器设备大型工装夹具、模具，不良的半成品、材料，置放于各个角落的良品、不良品、半成品，油桶、油漆、溶剂、黏结剂，垃圾筒，纸屑、竹签、小部件。

（3）室外检查内容

堆在室外的生锈材料、料架，垫板上未处理品、废品，杂草，扫把、拖把、纸箱。

（4）工装架上检查内容

不用的工装、损坏的工装、其他非工装物品，破布、手套、酒精等消耗品，工装（箱）是否合用。

（5）仓库检查内容

原材料、导料、废料、储存架、柜、箱子、标识牌、标签、垫板。

（6）天花板检查内容

导线及配件、蜘蛛网/尘网、单位部门指示牌、照明器具。

3. 制定要与不要的标准

企业在制定"要"与"不要"标准之前，首先要明白企业为什么会产生"不要"物品。"不要"物品的产生不仅仅是管理的问题，它也是现代企业运营必须有的内容与过程。形成"不要"物品的主要原因如下。

（1）企业没有建立采购物品的标准

① 没有标准化，随意采购物品。
② 没有建立采购的控制流程和合理的审批制度。
③ 没有建立物料需求计划（MRP）。
④ 没有建立物料清单。
⑤ 没有建立物料损耗标准。

（2）企业生产管理系统无序

① 生产的计划能力不强。
② 领发料随意。
③ 补发料没有严格控制。
④ 生产完成后没有及时执行物品清单制度。
⑤ 多余的物品没有及时退库。

（3）企业品质管理混乱

① 品质标准不明确且死板僵化，不能针对不同的客户、不同的产品制定相宜的品质检验标准。
② 产生的不合格品没有及时评审、区隔、处理。
③ 没有物品报废的处理程序。
④ 对不同的库存产品没有执行不同的期限管制。
⑤ 品管人员欠缺处理不良品的能力。

（4）事务性管理欠缺标准化

① 没有文件管理规定。
② 没有执行表单的管理规定。

③ 事务性工作流程随意化。
④ 会议管理无效，议而不决、决而不行、行而无果。
⑤ 没有建立办公用品的使用标准等。

既然企业在生产运营过程中会形成"不要品"，那么谁是"不要品"的判定者呢？由于企业里需要进行判定的对象有很多，并且有可以判断的和难以判断的物品，为了高效完成判定工作，可以根据对象的不同分层次确定相应的判定责任人。

① 一般物品由班组长初步判定，主管最终判定。
② 零部件由主管初步判定，经理最终判定。
③ 机器设备由经理初步判定，总经理最终判定。
④ 非必需品可以统一由推行委员会来判定，也可以设计一个有效的判定流程，由各个不同部门对各类物品进行判定。

在以上工作的基础上，建立"不要物品"的判定标准。实际上，企业管理水平的高低在某种程度上取决于企业的标准化程度，因而可以说，没有标准的企业就是没有良好管理的企业。企业要想做大、做强，唯一的办法就是让管理简单化，而能让管理简单化的唯一办法就是将日常管理标准化。因此，企业推行6S的第一步就是建立标准。没有标准，就不知道什么是"要"、什么是"不要"，不知道"要"与"不要"，就没有办法真正推动整理。

整理过程中需要建立的标准如下。
① 物品"要"与"不要"的标准。
② 物品库存期限的标准。
③ 物品安全存量的标准。
④ 不要物品的处理权责、流程、标准。
⑤ 办公用品的配置标准。
⑥ 人员的编制标准等。

某公司物品"要"与"不要"的操作表单

（1）物品处理标准表

单位	区域	类别	存放方法	存放量	存放时间	不要物品处理方法
办公室	办公桌面	资料文件、表单	文件夹	不超过7个文件夹	不超过7天	超过期限和数量的资料装订成册放入抽屉
		办公用品	整齐放在固定的位置	1部电话、1个笔筒、1个茶杯、1台计算机		超过标准的物品放入抽屉

续表

单位	区域	类别	存放方法	存放量	存放时间	不要物品处理方法
办公室	办公桌抽屉	资料文件	装订成册	不同的资料装订成1册，不超过7册	7—30天	超过期限和数量的可打包放入资料柜
		生活用品	放在1个抽屉内，不得与资料混杂	以1个抽屉为单位，不得超过1个抽屉的容量		超过期限和数量的清理出抽屉，打包放入资料柜
	资料柜	文件资料	资料夹	每层不得超过20个资料夹	30—180天	超过期限的装入资料袋，打包存放
			资料袋	每层不得超过20个资料袋	半年至一年	超过期限的装入资料袋，打包装箱存入仓库保管
仓库	原料仓库	订单用料	装箱、装筐之后存放于物料架	以每标准物料的每层空间进行存放	不超过7天	超过期限的物品通知生产单位领料，空间不够用的情况下通知采购部暂时不要进料
		退料	装箱、装筐之后存放于退料区	不超过退料区规定的面积	不超过半年	超过存量和期限的物品要通知相关责任单位进行处理
		不良物料	装箱、装筐之后存入不良区	不超过不良区规定的面积	不超过30天	超过存量和期限的物品要通知采购单位进行处理
		呆滞物料	装箱、装筐之后存入呆滞物料区	不超过呆滞物料区规定的面积	不超过1年	超过存量和期限的物品要通知相关责任单位进行处理
	成品仓库	有订单的成品	装箱存放于托盘上	每层高度不超过5箱	不超过10天	超过期限的物品要通知销售部门联系客户发货。空间不够用的情况下，要通知生产部门和销售部门调整生产进度
		退货	装箱存放于托盘上	不超过退货区规定的面积	不超过半年	超过存量和期限的成品要通知销售部门进行处理
		不良成品	装箱存放于托盘上	不超过不良区规定的面积	不超过半年	超过存量和期限的物品要通知生产单位进行处理
		计划库存成品	装箱存放于托盘上	每层高度不超过5箱	不超过半年	超过存量和期限的物品要通知销售单位进行处理

（2）物品库存期限标准表

序号	物品名称	物品规格	颜色	单位	保质期	备注

制表： 审查： 批准：

(3) 物品存量管制标准表

序号	物品名称	物品规格	颜色	安全库存量	库存上限	库存下限	备注

制表：　　　　　　　　审查：　　　　　　　　批准：

(4) 不要物品的处理流程

不要物品的处理流程	处理办法	审批权限	责任部门	使用单位

制表：　　　　　　　　审查：　　　　　　　　批准：

4．清理及处理"非必需品"

清理"非必需品"时，必须把握物品现在有没有使用价值。需要注意的是，应注意使用价值，而不是原来的购买价值，也就是使用价值大于购买价值。"非必需品"清理完之后要不要让车间主管把它们拿回去，要看企业的决心和魄力。

（1）处理对象及方法

重点清理的物品包括货架、工具箱、抽屉、橱柜中的杂物，过期的报刊、空的罐子、已损坏的工具或器皿，仓库墙角、窗台、货架上甚至货柜顶上摆放的样品，长时间不用或已不能使用的设备、工具、原材料、半成品、成品，在办公场所、桌椅下面、写字板上报废的文具及过期的文件、表格、速记记录等。依分类的种类，该报废丢弃的一定要丢掉，该集中保存的由专人保管。

整理中的处理对象与方法如图 3-1 所示。

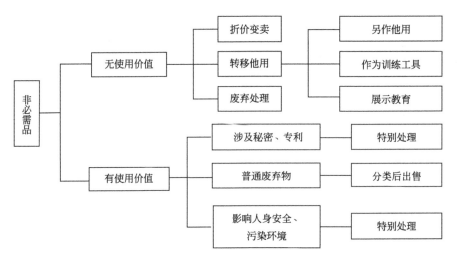

图3-1 整理中的处理对象与方法

无使用价值的"非必需品"的处理方法如下。

① 折价变卖。由于销售、生产计划或规格变更,购入的设备或材料等物品用不上。对于这些物品可以考虑与供应商协调退货,或是以较低的价格卖掉,回收货款。

② 转移他用。将材料、零部件、设备、工具等改用于其他的项目或其他需要的部门。

③ 废弃处理。对于那些实在无法发掘其使用价值的物品,必须及时实施废弃处理。处理要在考虑环境影响的基础上,从资源再利用的角度出发,具体方法如由专业公司回收处理。

(2) 处理的注意事项

① 实施处理要有决心。在对"非必需品"进行处理时,重要的是有决心,把该废弃的处理掉,不要犹豫不决,拖延时间,影响工作的进展。

② 正确认识物品的使用价值。对"非必需品"加以处置是基于对物品使用价值的正确判断,而非当初购买时的费用。一件物品不管当初购买时的费用如何高昂,只要现在是"非必需品",没有使用价值,并且在可预见的将来也不会有明确的用途,就应该下决心将其处理掉。

(3) 建立一套"非必需品"废弃的程序

为维持整理活动的结果,最好建立一套"非必需品"废弃申请、判断、实施及后续管理的程序和机制。建立物品废弃处理程序是为了给整理工作的实施提供制度上的保障。建立物品废弃的申请和实施程序,就是制定标准,明确物品废弃的提出、审查、批准和处理方法。一般来说,"非必需品"废弃的申请和实施程序一定要包括以下内容。

① 物品所在部门提出废弃申请。
② 技术或主管部门确定物品的利用价值。
③ 相关部门确认再利用的可能性。
④ 财务等部门确认。
⑤ 高层负责人做最终的废弃处理认可。
⑥ 由制定部门实施废弃处理，填写废弃单，保留废弃单备查。
⑦ 由财务部门做账面销账处理。

物品废弃申请单如表3-7所示。

表3-7 物品废弃申请单

申请部门			物品名称	
废弃理由			购买日期	
可否再利用	物品类别	判定部门	判定	负责人签字
			□可 □不可	
			□可 □不可	
			□可 □不可	
			□可 □不可	
其他判断			□可 □不可	
			□可 □不可	
认可	□废弃 □其他处理		总经理：	
废弃	仓库部门：		凭证	财务部门：

5. 养成整理的习惯

整理是一个永无止境的过程，现场每天都在变化，昨天的必需品，今天就有可能是多余的。整理贵在坚持，如果仅是偶尔突击一下，做做样子，就完全失去了整理的意义。整理是一项循环的工作，根据需要随时进行，需要的留下，不需要的马上放在另外一边。

某企业6S管理中整理阶段标准与决策权限表

方向 / 对象	"要"与"不要"的区分	必要品的决定及数量	非必要品的处理	最终决定者				
				班长	主管	经理	厂长	总经理
机器设备	① 设备的增减； ② 现有的设备是否使用； ③ 现有的设备是否适用	① 现有的设备数量是否合理； ② 现有的设备是否被有效利用； ③ 现有的设备是否需要改进	① 报废设备注销； ② 不再使用的设备应清理出生产现场； ③ 利用率低的设备应隔离生产现场				●	●
桌椅、台面	① 现有的桌椅是否有多余； ② 现有的台面是否有多余； ③ 现有的桌椅、台面是否适用	① 留下适用、合理数量的桌椅、台面； ② 对于适用、不合理数量的桌椅、台面进行改造，去掉不合适的	① 注销报废； ② 隔离生产现场	●	●	●		
模具、测试夹具	① 是否为生产用的模具、测试夹具； ② 是否为经常使用的； ③ 是否为良好的状态； ④ 是否标识清楚	① 模具、测试夹具是否在数量上合理，满足生产的需要； ② 是否为良好的状态，有没有报废的或长期过期不用的存放在生产现场； ③ 是否适用	① 报废、隔离； ② 维修再使用； ③ 标识清楚		●	●	●	
物料、在制品、制成品、不良和报废品	① 是否生产使用的物料； ② 是否常用； ③ 是否为不良的物料； ④ 是否为报废的物料； ⑤ 在制品是否为生产中的计划产品，如为滞留品，该如何处理； ⑥ 是否为不良的或待处理的在制品； ⑦ 成品状态； ⑧ 报废品处理方法是否为标明状态； ⑨ 所有产品是否有标识	① 生产使用的物料； ② 在计划之列且常用的物料； ③ 生产过程中流动的在制品； ④ 如为待处理的在制品，须标识清楚并写明处理的方法； ⑤ 成品标明状态	① 退仓； ② 报废； ③ 丢弃； ④ 标识清楚并且隔离生产区域	●	●	●	●	

续表

方向 对象	"要"与"不要"的区分	必要品的决定及数量	非必要品的处理	最终决定者				
				班长	主管	经理	厂长	总经理
作业文件、文具、办公台	① 使用的是否为最新文件； ② 是否受控； ③ 文具位置是否正确； ④ 文具发放是否恰当； ⑤ 文具是否为使用的用品； ⑥ 文具是否适用； ⑦ 办公台是否摆放合理； ⑧ 办公台是否适用； ⑨ 有无损坏或报废； ⑩ 有无正常使用及使用频率如何	① 正常使用的文件； ② 受控的最新版本； ③ 发放正确且放置在正确的位置； ④ 需要正常使用的文具； ⑤ 办公台属于正常使用的办公用品	① 退回报废； ② 退回重发放； ③ 不受控文件清除现场； ④ 报废文件隔离正常的文件，并依据规定程序保存； ⑤ 不用的文具或不能够使用的文具清理出桌面或报废； ⑥ 损坏的桌子维修或申请报废			●	●	●

 明确了解整理的推行要领

1. 整理的推行要领

① 马上要用的、暂时不用的，先把它们区分开；一时用不着的甚至长期不用的，要区分对待，即便是必需品也要适量。

② 将必需品的适量降到最低的程度。

③ 对可有可无的物品，不管是谁买的，无论有多昂贵，都应坚决地处理掉，绝不能手软。

2. 开展整理活动的注意事项

有效的整理活动应注意以下问题。

（1）整理不是扔东西

通过整理从生产现场清理出来的不要物品，有的只是在本部门没用，但可用于其他的地方；有的是多年的库存积压品，但可与供应商进行调剂或做退货处理；有的废弃工装，经过改进之后，可派上新用场。整理并不是扔东西，即使是确定需报废的物品，也应按财务的有关规定办理报废手续，并收回残值。

整理过程中要遵循先"分开"后"处理"的原则。分开是先将"要"和"不要"的物品分开，过期和未过期的分开，好的和坏的分开，经常用的和不经常用的分开，原件和复印件分开等。在分开这一过程中，先不要去考虑如何处理。分开完成后，再考虑如何处理。处理视物品和内容的不同可以有多种方式，如废弃、烧毁、切碎、转送、转让、廉价出售、再循环等。

（2）不要产生新的"不要物"

不少企业在实施6S整理之后，虽然生产现场的面貌暂时有了很大的改善，但过了一段时间以后，又发现现场有不少新的"不要物"。产生"不要物"的原因主要有以下几点。

① 没有严格执行限额领料制度，多余的零部件、材料没有办理退料缴库手续，因而滞留在生产现场。

② 没有按生产部门下达的生产计划进行生产，有时因为套料而多生产的部件没有入库而摆在工作现场。

③ 生产过程中产生的废弃物没有及时清理，如各种包装袋、塑料袋等，占据生产空间。

在日常的整理中，注意不要超计划多领料，不生产计划外的产品，制造过程中要进行过程控制，不生产不合格品。对作业后残存的物料立即进行清理，生产现场不放置私人物品。放置物品时要遵循平行、直角、直线的原则，使之一目了然。

（3）整理时要做到追源溯流

整理的同时要做到追源溯流，日本人称之为源头行动，也就是不断追溯，直到找到问题的根源所在，然后彻底加以解决。通常，企业产生各种废料、废物的原因如下。

① 原辅材料采购量的控制和库存管理不善导致废物产生。

② 过程控制中计量不准确导致浪费和废料增加。

③ 投料过程中的跑、冒、滴、漏造成原材料的浪费和废料的增加。

④ 设备泄漏导致污染物产生等。

在现场管理中对上述现象进行根除非常重要和迫切，否则就会影响企业的环境、增加企业的成本。在整理时，一定要找出废料、废物的源头并根治。

3. 整理检查表

推行任何活动，除了要有详尽的计划表外，在推行过程中，每一个要项均要定期检查，加以控制。通过对检查表的定期查核，能得到推行活动的进展情况，若有偏差，则可随即采取修正措施。推行6S活动，同样要导入PDCA管理循环。

整理检查表的使用有两种情况，具体如下。

① 点检用，只记入好、不好的符号。

② 记录用，记录评鉴的数据。

表3-8、表3-9是整理过程中检查的项目及重点，表3-8适用于部门内自我评价，表3-9为对办公室诊断用的检查表。

表3-8 生产现场6S查核表（诊断表）

项次	查检项目	得分	查检状况
1	通道状况	0	有很多东西或脏乱
		1	虽能通行，但要避开，台车不能通行
		2	摆放的物品超出通道
		3	超出通道，但有警示牌
		4	很畅通，又整洁
2	工作场所的设备、材料	0	1个月以上未用的物品杂放着
		1	角落放置不必要的东西
		2	放半个月以后要用的东西，且紊乱
		3	1周内要用，且整理好
		4	3日内使用，且整理很好
3	办公桌（作业台）上下及抽屉	0	不使用的物品杂乱
		1	半个月才用1次的也有
		2	1周内要用，但过量
		3	当日使用，但杂乱
		4	桌面及抽屉内均放最低限度的必要品，且整齐
4	料架状况	0	杂乱存放不使用的物品
		1	料架破旧，缺乏整理
		2	摆放不使用的物品，但整齐
		3	料架上的物品整齐摆放
		4	摆放近日所用的物品，很整齐
5	仓库	0	塞满东西，人不易行走
		1	东西杂乱摆放
		2	有定位规定，没被严格遵守
		3	有定位也在管理状态，但进出不方便
		4	任何人均易了解，退还也简单
	小计		

表3-9 办公室检查项目表

检查对象	检查项目("要"与"不要"的区分)	检查区域	责任人	得分
1.地面	① 有无灰尘； ② 有无水渍和油污； ③ 有无碎纸屑和废纸张扔在地上； ④ 有无垃圾和其他的废弃物扔在地上			
2.办公桌椅	① 办公室的桌椅有无破损且无维修； ② 办公室的桌椅有无废弃且仍放置在位			
3.电脑、打印机	① 显示器和主机有无附着灰尘，并有无经常用抹布擦拭； ② 电脑内是否装有和工作不相干的软件或其他不健康的内容； ③ 是否在电脑上下载或在公司的内部网络传输和工作没有关系的文字和内容； ④ 电脑上是否贴有娱乐图片或其他纸片； ⑤ 电脑的主机上是否放置工具、文件等物品			
4.文件柜、办公家具	① 文件柜有无统一的标识； ② 清除无用的、破损之文件柜； ③ 清除不适用的、影响办公室美观和公司形象的文件和办公家具			
5.文件	① 不用和作废文件有无及时地清除并另外放置； ② 清除掉每天过期的报表和各种作废的单据			
6.墙面	① 墙面是否干净； ② 墙面是否有过期或不必要的宣传和文件悬挂			

6S整理中的审核清单样本如表3-10所示。

表3-10 6S整理中的审核清单样本表

单位名称：＿＿＿＿＿＿＿＿＿＿＿＿＿＿＿＿　　　工作场所：＿＿＿＿＿＿＿＿＿＿

日期：＿＿＿＿＿＿＿＿＿＿＿＿＿＿＿＿　　　时间：＿＿＿＿＿＿＿＿＿＿

审核员姓名/签署：＿＿＿＿＿＿＿＿＿＿＿＿

审核项目	审核内容	妥善	须改善	须实时改善	不适用	跟进工作
1.工作场所	① 是否规定每日工作中所需的物料数量？	□	□	□	□	
	② 工厂、通道及出入口是否避免充斥着不需使用的物料和制成品？	□	□	□	□	
	③ 是否有指定的收集地方放置损坏品及低使用率的东西	□	□	□	□	
2.机械设备	① 是否将故障和损坏的机械设备清楚地分辨出来？	□	□	□	□	
	② 是否有指定的收集地方放置不能用的机械设备，以方便丢弃？	□	□	□	□	
	③ 工厂是否避免充斥着不需使用的机械设备	□	□	□	□	

续表

审核项目	审核内容	妥善	须改善	须实时改善	不适用	跟进工作
3.电力装置及设备	① 电掣房是否避免存放杂物及遗留无用物料？ ② 是否将故障和损坏的电气设备、插头及电线清楚地分辨出来？ ③ 是否有指定的收集地方放置不能用的电器设备、插头及电线，以方便丢弃	□ □ □	□ □ □	□ □ □	□ □ □	
4.手工具	① 是否定出每日工作上所需的手工具数量？ ② 是否将损坏的手工具分辨出来以安排修理？ ③ 是否有指定的收集地方放置损坏及低使用率的手工具	□ □ □	□ □ □	□ □ □	□ □ □	
5.化学品	① 是否将工作间内化学品的存放量尽量减少到只供当日使用？ ② 是否采取适当措施处理标签损坏或破损的容器？ ③ 超过法定容量或并不需要即时使用的危险品是否储存于合格的危险仓内	□ □ □	□ □ □	□ □ □	□ □ □	
6.高空工作	① 是否将损坏的棚架或梯具清楚地分辨出来，以安排维修或弃置？ ② 工作台是否避免充斥着不需使用的工具或物料？ ③ 是否把碎铁、杂物及夹杂易燃液体的废布分别放在指定的收集地方，以方便丢弃	□ □ □	□ □ □	□ □ □	□ □ □	
7.吊重装置	① 工厂、通道及出入口是否避免充斥着不需使用的吊索、链索及钩环？ ② 是否将故障或损坏的吊重装置及吊具清楚地分辨出来？ ③ 是否有指定收集地方放置损坏的吊重装置及吊具，以便日后维修或丢弃	□ □ □	□ □ □	□ □ □	□ □ □	
8.体力处理操作	① 是否避免员工在地面湿滑、凹凸不平或有其他障碍物的工作地方搬运货物？ ② 是否将有尖锐或锋利边缘、过热、过冷或过于粗糙表面的货品分辨出来？ ③ 搬运场地是否避免充斥着不需使用的杂物及遗留无用的物料	□ □ □	□ □ □	□ □ □	□ □ □	
9.个人防护设备及工作服	① 工作间是否避免充斥着不需使用的个人防护设备及工作服？ ② 是否将损坏、变形或已过期的个人防护设备清楚地分辨出来？ ③ 是否有指定的收集地方放置损坏及低使用率的个人防护设备	□ □ □	□ □ □	□ □ □	□ □ □	

Chapter Four

第四章

整顿推行的
关键点

详尽熟悉整顿要求与内容

1. 整顿的概念、目的与要求

整顿是把需要的事、物加以定量和定位。通过上一步整理后,对生产现场需要留下的物品进行科学合理的布置和摆放,以便最快速地取得所要之物,在最简捷的流程和最有效的规章、制度下完成工作。生产现场物品的合理摆放使得工作场所一目了然,整齐的工作环境有利于提高工作效率,提高产品质量,保障生产安全。

实际上,整顿是消除混乱秩序产生的工作流程上的变动性,确保流程稳定运行。

整顿的对象是工作场所容易浪费时间的区域。

整顿的目的如下。

① 工作场所一目了然。
② 整整齐齐的工作环境。
③ 减少找寻物品的时间。
④ 消除过多的积压物品。

整顿的基本要求如下。

① 整顿的结果是达到任何人都能立即取出所需要的物品的状态。
② 要站在新人、其他职场的人的立场来看,使得什么物品该放在什么地方更为明确。
③ 要想办法使物品能立即取出使用。
④ 使用后要能容易恢复到原位,没有恢复或误放时能马上知道。

2. 整顿的作用

整顿的作用表现在以下两个方面。

(1) 减少因没有整顿而造成的浪费

整顿是一种科学,它已标准化,谁到这个工作岗位,什么东西放在哪里已变成一种习惯。整理工作没有落实必定会造成很大的浪费。通常,浪费有以下几种。

① 寻找时间的浪费。
② 停止和等待的浪费。
③ 认为本单位没有而盲目购买所造成的浪费。
④ 计划变更而造成的浪费。
⑤ 交货期延迟而造成的浪费。

在杂乱无序的工作环境中,如果没有做好整理和整顿工作,会使员工找不到使用的物品,造成时间和空间的浪费,同时还可能造成资源的浪费与短缺,使一些品质优良的物品沦为"废品",使废品堂而皇之地躺在重要位置。图4-1所示为物品摆得杂乱无章,造成工作人员寻找物品时显露的种种姿态。

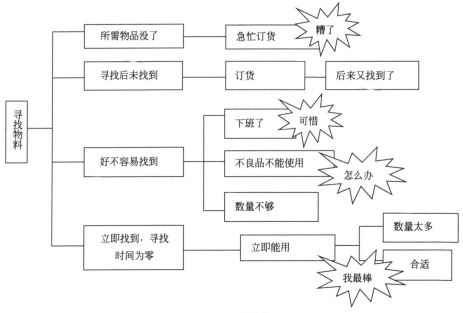

图4-1 寻找物料

（2）提升工作效率与减少安全隐患

把需要的人、事、物加以定量、定位。通过前一步整理后,对生产现场需要留下的物品进行科学合理的布置和摆放,以便用最快的速度取得所需之物,在最有效的规章、制度和最简捷的流程下完成作业。因此,它具有以下作用。

① 提高工作效率,将寻找时间减少为零。
② 异常情况（如丢失、损坏）能马上发现。
③ 不是该岗位的人员也能明白要求和做法。
④ 不同的人去做,结果是一样的（已经标准化）。

切实关注整顿要素与原则

1. 整顿三要素

整顿三要素是指场所、方法和标识。判断整顿三要素是否合理的依据在于能够形成物品容易放回原地的状态。当寻找某一件物品时,能够通过定位、标识迅速找到,并且很方便地将物品归位。整顿良好的表现如图4-2所示。

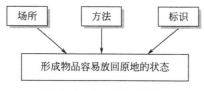

图 4-2　整顿良好的表现

（1）场所

物品的放置场所原则上要100%设定，物品的保管要做到"定位、定品、定量"。场所的区分，通常是通过不同颜色的油漆和胶带来加以明确：黄色往往代表通道，白色代表半成品，绿色代表合格品，红色代表不合格品。6S管理强调尽量细化，对物品的放置场所要求有明确的区分方法。物料架的划分如图4-3所示，使用胶带和隔板将物料架划分为若干区域，这样使得每种零件的放置都有明确的区域，从而避免零件之间的混乱堆放。

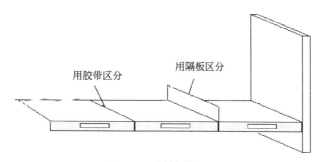

图 4-3　物料架的划分

物品不方便取用的情况如下。

① 物品存放未定位，不知道到何处去找。
② 不知道物品的名称，盲目寻找。
③ 不知道物品的标识规则，须查对。
④ 物品无标识，视而不见。
⑤ 物品存放地太远，存取费时。
⑥ 不知物品去向，反复寻找。
⑦ 物品存放不当，难以取用。
⑧ 无适当的搬运工具，搬运物品困难。
⑨ 无状态标识，取用了不适用的物品等。

（2）方法

整顿的第二个要素是方法。最佳方法必须符合容易拿取的原则。例如，图4-4给出了两种将锤子挂在墙上的方法，显然第一种方法要好得多；第二种方法要使钉子对准小孔后才能将锤子挂上，取的时候并不方便。现场管理人员应在物品的放置方法上多下工夫，用最好的放置方法保证物品的拿取既快又方便。

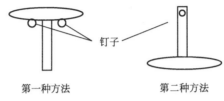

图4-4　锤子挂法比较

（3）标识

整顿的第三个要素是标识。很多管理人员认为标识非常简单，但实施起来效果却不佳，其根本原因就在于没有掌握标识的要点。

1）企业为什么要标识

企业管理强调的是清楚、简单、明了。国内很多企业尤其是生产型企业，材料或操作方法没有标识。企业进行系统标识，让管理流程清晰、明了，让大部分员工易懂、易操作，显得极为重要。

2）部分企业标识存在问题

在很多城市，许多建筑物、围墙、天桥、地下通道的两旁，都张贴着形形色色的小广告，内容繁多，形式各异，人们称其为城市的"牛皮癣"。企业标识同样要求清楚、简单、明了，不能乱标识，否则会破坏企业原有的形象。

3）企业标识系统的建立

① 需要标识的地方。企业并非每个角落、每件物品都需要标识，只有因为看不懂会导致出现错误或有安全隐患的地方、物品和需要规范的行为才需要标识。企业通常需要标识的地方及物品如下。

- 公司名称的标识。
- 公司部门的标识。
- 公司每个单位的标识。
- 每个单位不同区域的标识。
- 每个区域不同区位的标识。
- 每个区位不同物品的标识。
- 每个岗位的标识。
- 其他一些特殊的标识可与颜色管理、看板管理一同进行规划，如管道、转向、制程参数、企业理念等。

企业到底需要哪些标识，应该成立一个小组进行探讨并确定，不能单纯模仿。

② 标识的字体。标识的字体体现企业的文化，应该用企业的标准字体、规范的书写进行标识，可参考企业的视觉识别系统（VI）对企业字体的规范，如果企业还没有制订VI，可由公司高层或有美术基础的人员进行探讨、设计并确定。字体一旦确定，就不得随意变动，所有部门必须统一执行。

③ 标识牌的规格。对于标识牌的规格，要根据标识的位置及重要性进行具体的设计，但是同种类别的标识牌必须大小统一。

④ 标识牌的材质。标识牌的材质要根据标识的位置及重要性具体设计，但是同种类别的标识牌必须材质相同。

⑤ 标识牌的颜色及形状。标识牌的颜色分为字体颜色、标识牌底色和标识牌边框颜色三种。标识牌的形状分为长方形、正方形、圆形三种。

⑥ 标识牌的类别。标识牌按其功能可分为警告标志、禁令标志、指示标志、指路标志四类。

- 警告标志：黑框黄底黑字，形状为等边三角形，顶角朝上，表示危险区域。
- 禁令标志：红底白字或红框白底黑字，形状为圆形或倒等边三角形，表示严令禁止的行为。
- 指示标志：蓝底白字或蓝底白色图案，形状为长方形或正方形，表示部门、单位、区域、物品等的名称。
- 指路标志：绿底白字或绿底白色图案，形状为长方形或正方形，表示人行道、车辆、物流的通道。

标识牌的各类识别图，如图4-5所示。

(a) 文件识别

(b) 道路标志

图4-5

(c) 管道标识

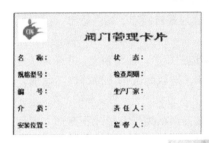

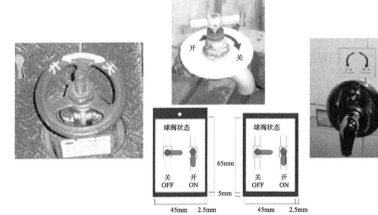

(d) 阀门标识

图 4-5　标识牌的各类识别图例

2. 整顿的"三定"原则

（1）"三定"原则的内容

衡量一个企业管理水平高低的最简单有效的方法就是看企业中人、事、物的管理能否做到定位、定品、定量。在企业里建立一套制度不难，但是好的制度是企业管理高度理论化的结晶，而"三定"原则是企业管理实践和管理结果的结晶，没有良好的执行力和良好的职业培训，企业不可能做到真正的"三定"。

"三定"概念图解如图4-6所示。

图4-6 "三定"概念图解

"三定"内容示意图如图4-7所示。

图4-7 "三定"内容示意图

"三定"管理看板示意图如图4-8所示。

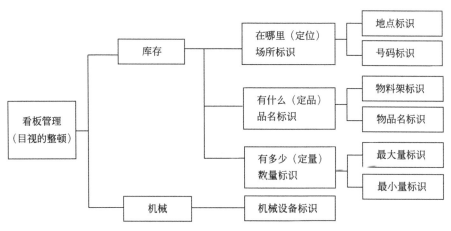

图4-8 "三定"管理看板示意图

(2) 如何做好"三定"管理

① 如何做到"定位"。要做到"定位",就必须清楚物品应该放在什么位置。

- 将要存放的位置分成地域号码来表示。
- 地域号码表示又可分为区域号表示和区位号表示。区域号可用英文字母(A、B、C等)或数字(1、2、3等)来表示;区位号最好用数字来表示;没有区域或区位规划的地方绝对不能存放物品。

定位原则示例如图4-9所示。

图4-9 定位原则示例

② 如何做到"定品"。要做到"定品",就必须清楚放在那儿的物品是什么。

- 物品名称,表示放置物本身是什么。
- 物料架名称,表示这里放置的是什么。
- 如果物品要经常搬动,可以用看板来表示。
- 物料架的好处是容易更换位置。

③ 如何做到"定量"。"定量"目标是做到能够一看就知道库存品有多少数量。

- 限制放置场所或物料架的大小或数量。
- 明确表示最大量与最小量的库存标准,最大量用红色表示,最小量用黄色表示。
- 标签、颜色比数字更容易看得懂。
- 若标示数字,也要做到使数字一看就清楚。

科学展开区域与区位规划

区域规划是一个企业的平面布局,包括工序流程设计、机台布置、物流动向规划、人流动向规划、物品存放区域规划。区域规划直接指向6S的核心——三定,即定位、定品、定量。

1. 企业区域规划的范围

在一个制造型企业里,通常有一些必不可少的区域,如表4-1所示。

表4-1 企业一般需要进行规划的区域

单位	应有的区域	区域的功能	区域的基本要求
生产车间	主通道	主要用于物品搬运和客人来访、参观	宽敞、干净、明亮，无任何遮挡物，且以两部物品搬运车能并排或相对顺畅地通过为宜
	人行道	主要用于员工走动和车间干部巡线之用	干净、整洁、明亮，不得摆放任何半成品或其他杂物，必须通畅且以两个人能同时、相对、顺畅通过为宜
	作业区	员工加工产品的主要作业场所	明亮、干净且不能太拥挤，作业台的高度要与员工的作业方式和身高相适宜，同时机台、作业台的摆放设计要考虑员工的安全
	检验区	检验员检验产品的主要场所	宽敞、明亮、干净，应设定样品、检验仪器、工具、标准文件、记录本的摆放位置，对光线有特殊要求的应考虑配置特种光源
	半成品暂存区	在制品暂时存放的场所	应配置物料架、篮筐、物品搬运箱等，同时应考虑物品的周转率和员工拿取、存放、搬运的方便
	原材料暂存区	原材料暂时存放的场所	应配置物料架、篮筐、物品搬运箱等，同时应考虑物品的周转率和员工拿取、存放、搬运的方便
	成品暂存区	成品暂时存放场所	应配置物料架、篮筐、物品搬运箱、栈板等，同时应考虑物品的周转率和员工拿取、存放、搬运的方便
	不良品暂存区	不良品暂时存放的场所	应配置物料架、篮筐、物品搬运箱等，同时应考虑员工拿取、存放、搬运的方便，区域尽量小，超过即为异常
	进货区	原材料、成品、半成品入库未检验前的暂时存放区	应有栈板、搬运箱等，最好在室内，且宽敞、明亮，物品不要拥挤，堆放不要太高，以免造成损坏
	检验区	对将要入库的原材料、半成品、成品实施检验的场所	宽敞、明亮、干净，应设置样品、检验仪器、工具、标准文件、记录本的摆放位置，对光线有特殊要求的应考虑配置特种光源
仓库	不合格品区	不合格原材料、成品、半成品的暂时存放区	应配置物料架、篮筐、物品搬运箱等，同时应考虑员工拿取、存放、搬运的方便，区域尽量小，超过即为异常
	退货区	不合格品经过评审后需要退货的暂时存放区	应配置物料架、篮筐、物品搬运箱等，同时应考虑员工拿取、存放、搬运的方便，区域尽量小，超过即为异常
	物品存放区	已经检验合格的原材料、成品、半成品的存放区	应对不同的物品再细分不同的区位，按照类别分开摆放。配置基本物料架、栈板、篮筐或其他物品存放容器
	呆滞物品存放区	不在计划订单内或超过库存期限的物品存放区	应配置物料架、篮筐、物品搬运箱等，同时应考虑员工拿取、存放、搬运的方便，区域尽量小，超过即为异常
	发货区	按发货单、领料单等提前备料、备货的暂时存放区	应配置物料架、篮筐、物品搬运箱等，同时应考虑员工拿取、存放、搬运的方便
	装卸区	物品搬运装卸区	装卸台高度与货车车厢的高度最好平齐，使得装卸时可以直接用搬运车将物品装进车厢，以减少员工搬运时的负重

续表

单位	应有的区域	区域的功能	区域的基本要求
办公室	办公区	公司职员办公作业场所	宽敞、明亮、干净、整洁、文明、安静，应配有计算机、电话、打印机、复印机、传真机、资料柜、办公桌椅等基本的办公设施
	休息室	公司职员休息场所	配置沙发、茶几、报纸、杂志、饮水机等，必要时可配有咖啡、茶叶、水果等食品
	接待室	客户、供应商、外来访客的接待场所	配置沙发、茶几或洽谈桌椅，咖啡、茶叶、报纸、杂志、公司简介等，必要时可配置电视、投影仪等可随时播放公司宣传片的设备
	会议室	公司召开会议或重大事情的召集场所	会议桌椅、白板、白板笔、投影仪、计算机、麦克风、音响等，必要时可摆设一些绿色植物、公司荣誉证书等
公共场所	自行车停放区	员工上下班自行车专属停放区	应有雨棚、自行车区隔栏等基本配置
	小轿车停放区	员工上下班小轿车专属停放区	应有雨棚、车位停放线、箭头等基本配置，专属车位应有车牌号标识
	货车停放区	本公司货车专属停放区	应有雨棚、车位停放线、箭头等基本配置，特殊车位应有车牌号标识
	外来车辆停放区	外来公司办事的车辆停放区	应有雨棚、车位停放线、箭头等基本配置，并明显标示外来车辆，保安人员负责指挥客人按规定停放
	不要物品回收区	车间、办公室的不要物品堆积场	最好有一个专门的小空间，有围墙、遮盖/雨棚、门窗等

2. 企业区域规划流程

很多企业推行6S时都会对每个区域画线，但在推行的过程中，因为区域规划过于草率或过于强调现场美观，没有合理检讨、设计就匆忙画线，往往导致员工在实际工作中没有办法按照规划的区域进行物品摆放和归位，从而使画线的区域规划形同虚设。区域规划的基本流程如表4-2所示。

表4-2 区域规划的基本流程

流程	权责单位	重点事项	使用表单
流程设计合理化	各部门主管	组织流程检讨修改小组一起探讨，具体参考流程规划的相关内容	
产能评估	生产部门	要分析评估车间产能、班组产能、工序产能、个人产能，根据不同的产能差别进行生产调整，使得生产工厂的各车间、班组、工序、个人的产能尽量平衡	

续表

流程	权责单位	重点事项	使用表单
物流、人员流动设计	推行委员会成员	设计物流的方向、通道 设计人员流动的方向、通道	
根据产能和生产实际情况规划区域	各部门主管	根据生产流程、产能状况、物流等状况进行现场区域规划	
区域平面图设计	各部门主管	每个单位根据自己的实际状况设计、制作区域平面规划图,再请相关主管、区域负责人到现场进行实地评估	
区域平面图检讨修改	推行委员会成员 各部门主管	如果对评估有异议,则要汇总大家的意见进行修改、完善	
按照平面图进行区域定位	各部门主管	没有异议后,就在现场进行区域的初步定位,最好使用有颜色的胶带进行画线定位,以便于将来更改	
根据实际状况修改区域定位	各部门主管	按照定位的区域进行物品的规划和现场管理,最好能够试行一个生产淡旺季的周期,这样才能真正检查设计的区域是否合理	
确定每个区域的定位、画线	各部门主管	一个生产淡旺季过后,若没有问题,就可以实施区域定位,此时可以用油漆或其他更加牢固的材料进行界定	
区域定位的修补、完善	各部门主管	每年或每半年必须对每个区域进行一次探讨、修改,以使区域规划更加完善,对于有破损或油漆剥落的区域要重新画线	

3. 现场细节的整顿——区位规划

(1) 必须对现场的物品进行分类考虑

(2) 着手开展区位规划

具体包括如下。
- 大区域用大写的英文字母来表示,如A、B、C、D等。
- 区位用阿拉伯数字来表示,如1、2、3、4、5等。
- A1、A2、A3、A4等表示相同类别、不同性质或规格的物品,应在同一个大区域里面的不同区位进行存放。
- A1和B1表示不同类别的两种物品,应在两个不同区域进行存放。

（3）设计制作区域、区位规划平面图

具体包括如下。
- 生产现场的区域、区位规划平面图。
- 仓库的区域、区位规划平面图。

（4）做好现场的区位管理

需注意以下几点。
- 现场的区位都必须以数字或阿拉伯数字进行规划和标识，以便将来的物料系统电脑化。
- 所有的区位都必须进行标识。
- 根据不同的物品种类设计不同的物品盛装容器，每个容器上必须有物料卡。
- 区位编号必须和物料编号同步进行。
- 区位管理和物料管理必须进入电脑系统进行系统管理。

合理执行整顿的实施步骤

1. 分析现状

人们取放物品时为什么时常会花很多时间，或者说，人们取放物品的时间为什么会那么长，追根究底，有以下几个原因。

① 不知道物品存放在哪里。
② 不知道要取的物品叫什么。
③ 物品存放地点太远。
④ 存放的地点太分散，物品太多，难以找到。
⑤ 不知道物品是否已用完，或者别人正在使用，找不着。

把这些原因归纳起来进行分析后，所得到的结论就是，对于现状没有进行分析。在日常工作中必须对必需品的名称、物品的分类、物品的放置等情况进行规范化的调查分析，找出问题所在，对症下药。在进行分析的时候，从物品的名称、物品的分类及物品的放置几个方面进行规范化。

2. 物品分类

整顿时要根据物品各自的特征进行分类，把具有相同特征或相似性质的物品划分为同一个类别，并制定标准与规范，确定物品的名称并做好物品名称的标识。

3. 落实整顿工作，根据整理重点决定放置场所

推行整顿的过程中，应对物品放置的场所进行事前确定。整顿初期，对整理所腾出的棚架、橱柜、场所等空间进行重新规划使用，将常用的东西放在身边最近的地方，不常用的东西可另换位置存放。对于场所的区分，可使用不同颜色的油漆和胶带加以明确，如白色代表半成品、绿色代表合格品、红色代表不合格品。

4. 决定放置方法

明确物品的放置方法，也是整顿工作中的重要内容，这种方法必须符合容易拿取的原则。一般物品放置在架子上、箱子里、塑胶篮里、袋子里，以及进行悬挂放置等。决定放置方法时要考虑物品的用途、功能、形态、大小、重量、使用频率等因素，尤其要注意取用和放置的方便。

5. 决定物品的定位放置

按照确定的储存场所和存放方法，将物品放在该放置的地方，不要造成物品放位不当或东西零落。物品的定位十分重要，做好定置管理工作的主要内容包括如下。

① 工作场所的定置要求。
② 生产现场各工序、工位、机台的定置要求。
③ 工具箱的定置要求。
④ 仓库的定置要求。

6. 画线标识和方法

（1）画线标识

企业的现场管理其实和交通管理的理念一致。在公路上设置不同的线，不仅是为了美观，更主要的是为了安全、高效，使现代化城市的交通保持顺畅、有序，减少交通事故的发生。企业管理也是一样，现场画线的目的也不是单纯为了现场美观，更主要的是为了营造一个井然有序、安全高效的工作环境。

（2）画线方法

画线的基本方法如下。

① 首先使用胶带对各区域进行定位。用胶带的目的是便于对区域规划随时进行修改、完善。

② 区域运行一定阶段，如用胶带粘贴3个月之后就可把胶带撕掉并将该处清洗干净，然后用油漆进行固定，最好用公路画线的油漆进行固定，以加强油漆的附着力，使其不易脱落。如果地面是不易着色的瓷砖等，那么可以直接用10厘米左右的不同颜

色的瓷砖来进行画线。

③ 特别的地方如危险区域、有安全隐患的区域，应该用铁栅栏进行区隔并用油漆刷上红黄相间的警戒色，以示警示。

画线图例如图4-10所示。

图4-10　画线图例

五　准确把握整顿的推行要点

1. 整顿的推行要点

整顿的目的是针对作业效率、品质、安全等思考物品的归位方法，确定物品定位的应有状态。整顿的推行要点如下。

（1）彻底进行整理

① 彻底地进行整理，只留下必需品。
② 在工作岗位只能摆放最低限度的必需品。
③ 正确地判断出是个人所需品还是小组共需品。

（2）确定放置场所

① 放在岗位上的哪一个位置比较方便，应进行布局研讨。
② 制作一个模型（1/50），便于布局规划。
③ 将经常使用的物品放在距工作地点的最近处。
④ 特殊物品、危险品必须设置专门场所，并由专人进行保管。
⑤ 物品放置要100%定位。

（3）规定摆放方法

① 产品按性能或种类区分放置。
② 摆放方法各种各样，如架式、箱内、工具柜、悬吊式，各个岗位提出最适合各自工作需要的想法。
③ 尽量立体放置，充分利用空间。
④ 便于拿取和先进先出。
⑤ 平行、直角、在规定区域放置。
⑥ 堆放高度应有限制，一般不超过1.2米。
⑦ 容易损坏的物品要分隔或加防护垫来保管，防止碰撞。
⑧ 做好防潮、防尘、防锈的"三防"措施。

（4）进行标识

2. 整顿推进的注意事项

（1）持之以恒的坚持

刚开始整顿时，大家都能按规定摆放好每一件物品，但是过了一段时间，又慢慢地乱了起来，回到原来的状态。6S活动必须持之以恒的坚持，杜绝"走过场"现象。

（2）注意标识的统一

标识是整顿的最终动作，其标志是物品的身份证。相关类别的标识，在企业内要尽可能地做到统一规格大小、统一加工制作。

（3）摆放位置相对固定

物品摆放要严格按照设定的层、区、架的要求规范摆设，不能经常更换场所，摆放的位置要相对不变。

生产现场6S查核表（诊断表）如表4-3所示。

表4-3 生产现场6S查核表（诊断表）

项次	查检项目	得分	查检状况
1	设备、机器、仪器	0	破损不堪，不能使用，杂乱放置
		1	不能使用的集中在一起
		2	能使用，但脏乱
		3	能使用，有保养，但不整齐
		4	摆放整齐、干净，最佳状态
2	工具	0	不能用的工具杂放在一起
		1	勉强可用的工具多
		2	可用的工具多
		3	工具有保养、有定位位置
		4	工具采用目视管理
3	零件	0	不良品与良品杂放在一起
		1	不良品虽没即时处理，但有区分及标识
		2	只有良品，但保管方法不好
		3	保管有定位标识
		4	保管有定位、有图示，任何人都清楚
4	图纸、作业标识书	0	过期与使用中的杂放在一起
		1	不是最新的，但随意摆放
		2	是最新的，但随意摆放
		3	有卷宗夹保管，但无次序
		4	有目录、有次序，且整齐，任何人很快能使用
5	文件档案	0	零乱放置，使用时没法找到
		1	虽显零乱，但可以找得着
		2	共同文件被定位，集中保管
		3	以机器处理且容易检索
		4	明确定位，使用目视管理，任何人能随时使用
小 计			

办公室的整顿检查表如表4-4所示。

表4-4　办公室的整顿检查表

检查对象	检查项目	检查/区域	责任者	得分
1.办公桌椅、文件柜	① 办公桌的摆放是否整齐、有序； ② 办公桌面是否干净、整洁； ③ 办公桌面摆放的办公用品和文件是否整齐、有序； ④ 办公椅是否摆放整齐； ⑤ 办公椅在人员离开时是否统一摆放且整齐、有序； ⑥ 抽屉内的办公文具和资料是否摆放得整整齐齐； ⑦ 抽屉内是否有和工作不相干的物品或储存食物； ⑧ 文件柜内是否放置和文件不相干的其他物品； ⑨ 文件柜有无统一放置，并易于拿取文件			
2.电脑	① 电脑的主机和显示器是否统一摆放在办公桌或放置在指定位置； ② 电脑和显示器连接的电缆线是否有序摆放和整齐捆扎			
3.文件	① 文件有无分类整理； ② 文件有无分类摆放； ③ 文件夹外面的标签有无统一制作且采用相同的字体； ④ 文件是否放置在文件夹内和统一的文件柜内； ⑤ 文件夹和文件柜有无标识清楚并整齐摆放； ⑥ 文件的使用和传递有无统一的格式； ⑦ 文件的发放是否统一用电脑打印的字体			
4.地面	① 有无油漆的破损、脱落； ② 对于放置有无界定区域			

整顿的审核清单如表4-5所示。

表4-5　整顿的审核清单

审核项目	审核内容	妥善	须改善	须即时改善	不适用	跟进工作
1.工作场所	① 是否把通道画线以区分通道及工作区的范围？	□	□	□	□	
	② 货品是否整齐叠起及远离通道和出口？	□	□	□	□	
	③ 是否避免把材料或工具靠放在墙边或柱旁	□	□	□	□	
2.机械设备	① 是否在信道画线以区分通道及机械设备摆放的位置？	□	□	□	□	
	② 机械设备是否整齐排列及避免阻塞通道和出口？	□	□	□	□	
	③ 是否采用识别系统标识机械设备的名称及编号	□	□	□	□	

续表

审核项目	审核内容	妥善	须改善	须即时改善	不适用	跟进工作
3.电力装置及设备	① 电掣板的所有导电体是否清楚地标明？ ② 是否采取措施避免将电线横置于通道上？ ③ 是否采用识别系统标识电力设备的编号及摆放位置	☐ ☐ ☐	☐ ☐ ☐	☐ ☐ ☐	☐ ☐ ☐	
4.手工具	① 手工具是否贴上名称或编号？ ② 手工具是否有秩序地摆放在工具架或工具箱内，以方便取用？ ③ 工作台上的工具是否有秩序的摆放	☐ ☐ ☐	☐ ☐ ☐	☐ ☐ ☐	☐ ☐ ☐	
5.化学品	① 在订购化学品时，是否将化学品的名称、危险分类及其他有关资料做登记，以便员工翻查？ ② 不同危害分类的化学品是否有明确的标签及颜色区分，以便分开存放？ ③ 容器内储存的化学品是否清楚标明其输入口、输出口和连接的位置	☐ ☐ ☐	☐ ☐ ☐	☐ ☐ ☐	☐ ☐ ☐	
6.高空工作	① 工作台上需用的物料是否平均分布于棚架上及没有负荷过重？ ② 需要的物料或工具是否避免放置在坑槽或地洞的边缘，以免坠下伤害周围工作的人？ ③ 梯具是否妥善贮存，避免接近化学品或被阳光直接照射而使梯身受损	☐ ☐ ☐	☐ ☐ ☐	☐ ☐ ☐	☐ ☐ ☐	
7.吊重装置	① 是否采用识别系统标识吊重装置，包括绞辘和吊索的编号及摆放位置？ ② 吊重装置和吊具是否有秩序地摆放在仓库的储存架上，以方便取用？ ③ 使用后的吊具如吊索、链索及钩环是否立即放回仓库，以便妥为保存	☐ ☐ ☐	☐ ☐ ☐	☐ ☐ ☐	☐ ☐ ☐	
8.体力处理操作	① 是否将负荷物的资料，如对象的重量和对象较重一边的位置清楚地标明出来，以方便搬运？ ② 整理货架时，是否将较重或常处理的货品放置在较易拿取的位置，如接近手肘的位置？ ③ 搬运时，是否采取措施确保货品整齐叠起及避免堆叠过高，以免阻碍视线，增加碰撞及绊倒的危险	☐ ☐ ☐	☐ ☐ ☐	☐ ☐ ☐	☐ ☐ ☐	
9.个人防护设备及工作服	① 在订购任何个人防护设备时，是否将该设备的类别、标准及其他有关数据做登记，以便员工翻查？ ② 个人防护设备和工作服是否有秩序地摆放在储存架上，以方便取用？ ③ 是否采用识别系统标识个人防护设备和工作服的摆放位置	☐ ☐ ☐	☐ ☐ ☐	☐ ☐ ☐	☐ ☐ ☐	

第五章

清扫实施的关键点

准确把握清扫的内涵与内容

1. 清扫的含义

清扫不仅仅是打扫，而是加工工程中的一部分。清扫除了清除脏污，保持工作场所内干干净净、明明亮亮，还要排除一切干扰正常工作的隐患，防止和杜绝各种污染源的产生。清扫要用心来做，必须人人动手，认真对待，保持良好的习惯。

清扫就是使生产现场始终处于没有垃圾、没有灰尘的整洁状态。清扫本身就是日常工作的一部分，并且是所有工作岗位都会存在的工作内容，可以把清扫对象的范围扩大一些，将现场影响人们工作情绪和工作效率的东西都当作清扫的对象，于是就产生美化工作环境、活跃工作气氛、缓和人际关系等新现象。

2. 清扫的实施对象

（1）清扫办公区域的所有物品

人们能看到的地方、在机器背后通常看不到的地方，都需要进行认真彻底的清扫，从而使整个工作场所保持整洁。

（2）彻底修理机器工具

各类机器和工具在使用过程中难免会受到不同程度的损伤。因此，清扫的过程还包括彻底修理有缺陷的机器和工具，尽可能地降低故障率。

（3）发现脏污问题

机器设备上经常会出现油渍、污渍，因此需要工作人员定时清洗、上油、拧紧螺丝，这样在一定程度上可以提高机器设备的品质，减少工业伤害。

（4）减少污染源

污染源是造成无法彻底清扫的主要原因之一。粉尘、刺激性气体、噪声、管道泄漏等都是污染源。只有解决了污染源，才能够彻底解决污染问题。

3. 清扫推行的目的

清扫就是去除问题的基本点，减少工业伤害，维护安全生产，培养发现问题的习惯，消除不利于提高产品质量的因素，减少对人们健康的伤害，消除故障发生现象；清扫可以保证工具、物料、设备等处于正常使用状态，尤其是对强调高品质、高附加值的产品制造现场，更不容许有垃圾和灰尘的污染造成产品质量问题。所以，清扫可以起到提高设备性能的作用,更好地贯彻保养的计划,提升作业质量,减少操作过程中的事故发生率,创造无尘化的工厂,减少脏污对产品的影响,最终提高产品质量。

清扫的基本目的包括三个方面。

① 消除不利于产品质量、成本、功效等因素。

② 保证设备零故障地工作。

③ 创造干净、明亮的工作环境。

但无论是以上哪种目的,现场、现物的效果如何,都依赖于人的工作情绪与状态,都是为了达到高品质产品生产与零故障的运营。由此,可以认为,清扫的上述三个目的可以归于一点:消除人的不良工作情绪与状态,确保形成有效的工作环境,消除不利于产品生产与服务提供的各类因素,向社会提供高品质的产品或服务。

清扫的含义与目的如图5-1所示。

图5-1 清扫的含义与目的

4. 清扫推行的作用

(1) 清扫就是点检

清扫就是点检,对设备的清扫本身也是对设备的维护。根据"谁使用谁管理"的原则,让设备的使用者参与对设备的维护,既可以激发使用者对设备使用的责任感,又可以令使用者对设备的性能更为了解,因为使用者与设备朝夕相处,通过清扫与机器设备进行"亲密接触",可以预先发现机器设备的异常,更好地避免故障的发生,降低事故发生率。

(2) 无尘化

清扫的最大作用是通过整理、整顿,使"必需品"处于能立即拿取的状态,取出的物品还必须完好可用。

第五章 清扫实施的关键点

无人始于无尘,也就是说,高度自动化的企业若能真正保证机器设备在无人的情况下顺利、稳定运转,首先就要做到无尘。灰尘虽小,但不容忽视,因为它的破坏作用是极大的。机器上有灰尘,就会发生氧化反应,从而腐蚀设备,造成生锈。腐蚀、生锈易造成机器接口松动、脱落,造成零部件变形,甚至产生断裂,发生故障。清扫就是要让企业中的岗位以及机器设备完完全全没有灰尘。

灰尘的影响图如图5-2所示。

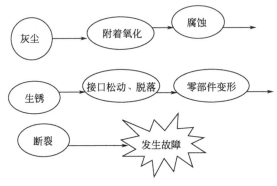

图5-2 灰尘的影响图

 明晰清扫的原则和关注点

1. 清扫三原则

清扫是三点式的清扫,分别为扫黑、扫漏、扫怪,只有真正地做到这三个方面的清扫,才能实现真正意义上的清扫。

清扫三原则如图5-3所示。

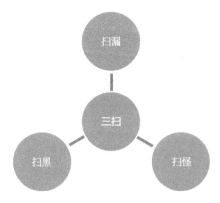

图5-3 清扫三原则

（1）扫黑

扫黑，就是扫除垃圾、灰尘、纸屑、蜘蛛网等。
① 清扫是进行卫生清洁。
② 看得见的，如台面、地面、墙面、天花板等。
③ 看不见的，如油管、气管、空气压缩机等的内部结构，以及电脑鼠标、打印机内部和其他死角。

（2）扫漏

扫漏，就是扫除漏水、漏油、漏气、漏处理等。

（3）扫怪

扫怪，就是扫除异常的声音、温度、震动等。
① 清扫是清除异常。
② 清扫是维护、点检。
③ 清扫是警示、预防。例如，地面不平、离合器磨损、电风扇吊钩锈坏、仪器仪表失灵、螺丝松动、电线老化、合页损坏等。

2. 清扫的关注点

清扫的关注点，包括责任化、标准化和污染源改善处理。

（1）责任化

责任化就是要明确责任和要求。在6S管理中，经常采用如表5-1所示的6S区域清扫责任表来确保责任化。在责任表中，对清扫区域/设备、清扫部位、点检周期、执行人、要求及目标都应有明确的要求，提醒现场操作人员和责任人员需要做哪些事情、有些什么要求、明确用什么方法和工具去清扫。

表5-1　6S区域清扫责任表

清扫区域/设备	清扫部位	点检周期	要点及目标	执行人	区域名						
					1	2	3	4	…	29	30	31
加工设备	机台	1次/日	台面无油渍杂物，保持干净整洁									
			保持各电源接头完好，检查是否有漏气现象									
风扇	机台	1次/日	无油渍、杂物，保持干净整洁									
			保持各电源接头完好无损，检查是否有漏电现象									

第五章 清扫实施的关键点

续表

清扫区域/设备	清扫部位	点检周期	要点及目标	执行人	区域名 1	2	3	4	…	29	30	31
空调	机台	1次/周	清洁过滤网，保持通风									
墙壁、屋顶	墙面	1次/周	（1）眼观无灰尘蛛网，无杂物；									
			（2）无不规范粘贴物；									
	窗台		（3）窗台干净，无杂物；									
	玻璃屋顶		（4）玻璃有无损坏，是否干净、明亮									
员工精神面貌	个人形象	1次/日	穿戴干净整齐，精神饱满（不蓄长头发、胡子，不穿拖鞋、短裤）									
	整体形象		统一穿工装，有团队意识，工作积极性高									
	素养		维护6S成果，有良好的工作习惯									
物品柜、工具柜	工具柜	1次/日	工具完好齐全，摆放有序，整洁干净									
	辅材柜		物品标识明确合理，达到"三定"的要求									
			所有的柜子外观整洁干净，眼看无灰尘									
现场卫生	地面	1次/日	整洁干净，无灰尘，死角不能有不要物的存在									
	物料		物料整齐，有明确标识，规范码放									
	设备		设备规范放置，性能良好，经常保养									
	通道		不能占用通道，通道线明亮，标识清晰									
	清洁用品		清洁用品摆放整齐，值日生管理好当天的清洁用品									
	摆放		区域摆放是否整齐/有无未标识产品，不合格品有无及时处理									

◎此栏由车间副主任以上级别人员检查并签字确认：

1. 区域负责人在上班后半小时内进行点检，确认合格后在相应栏打"○"，不合格立刻整改，不能马上整改的先画"△"，整改完后在"△"外画"○"；
2. 主管（车间负责人）必须每周对点检情况进行确认，并在确认栏内签名

（2）标准化

若不小心把一杯鲜奶洒在桌子上，有人会先用干毛巾擦后再用湿毛巾擦，而有人会先用湿毛巾擦后再用干毛巾擦。对于如此简单的一个问题，竟然有两种完全不同的处理方法。现场管理人员遇到的问题比这要复杂得多，如果不能够实现标准化，对于同样的错误，可能会重复犯。因此，清扫一定要标准化，共同采用不容易造成安全隐患的、效率高的方法。

标准化可确保改善的效果，使之能继续维持下去。"标准"的一种定义，是指"做事情的最佳方法"。如果现场员工都能遵照标准进行工作的话，就能确保顾客满意。如果标准意味着"最佳方法"，那么每一位员工每一次都必须遵照相同的标准、相同的方法去工作。

（3）污染源改善处理

推行6S管理一定不能让员工觉得只是不停地擦洗设备、搞卫生，每天都在付出。清扫的根本原因是存在污染源。如果不对污染源进行改善与处理，而仅仅是不断的清扫，员工一定会对6S管理产生抵触情绪。因此，必须引导员工对污染源发生方面做出一些有效的处理与提出改善措施，很多污染源只需要采取一些简单的措施和进行较少的投入，就能予以有效杜绝。

由清扫引发的工作创新如图5-4所示。

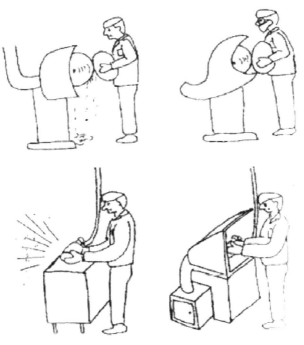

图5-4　由清扫引发的工作创新

坚持推进清扫的关键活动

1. 建立清扫责任区（室内外）

对现场区域进行责任区划分，实行区域责任制，责任到人，做到每个区域都有人负责，每个员工都有责任区，不漏区域、不漏人。不漏人是指每个人都要参与清扫活动，如每天下班之前5分钟进行清扫，几点到几点进行清扫，从哪儿清扫到哪儿等。

① 各责任区应尽可能细化，做到"物物有人管，人人都管物"。
② 必要时，公共区域可采用轮值方式。

企业应在每名员工的清扫责任区内张贴责任区可视化标签，标签上标明清扫责任人并写明清扫方法，以帮助员工快速、高效地完成清扫工作。

2. 执行例行扫除，清理脏污

① 规定例行扫除的内容，每日、每周的清扫时间和内容。
② 清扫过程中发现不良之处，应加以改善。
③ 清扫应细心，培养不容许脏污存在的观念。
④ 清扫工具本身保持清洁，有归位。

3. 调查污染源，予以杜绝

① 脏污是一切异常与不良的根源。例如，电路板上的脏污，是短路、断路的主要原因；设备上的金属粉末、脏污和铁锈，将会降低设备的性能和使用寿命，并影响到产品的质量；加工削油的流淌，会造成马达过热甚至被烧坏。
② 调查脏污的源头，对污染的形态、对象予以明确化，并调查其发生部位、发生量、影响程度，最后进行研究并采取对策。

4. 建立清扫基准

建立清扫基准：清扫对象，清扫要点、方法，工具，清扫标准、要求，周期，清扫时间，负责人。

建立清扫后的检查标准：检查对象、检查人员、检查时间、检查记录。

清扫规范示意表如表5-2所示。

表5-2 清扫规范示意表

清扫对象	清扫要点、方法	工具	清扫标准、要求	周期	清扫时间	负责人
办公场所	①通道、地面扫擦；②工作台、椅自行扫擦；③通风口铲垢；④配管、配线抹擦；⑤开关、关灯后抹擦；⑥覆盖、护盖板扫；⑦天花板抹扫	拖把、抹布、毛巾、纱布、刮刀、扫把、钢刷、洗涤剂，禁止使用化学危险品	①平整、亮丽，无杂物遗落；②洁净、无残缺、无划痕；③无沾油渍、污垢；④干净、无尘埃、无污垢，颜色鲜明；⑤开关洁净、拨动灵活，标识清晰；⑥洁净无污渍，无虫网，灯管、灯盆明亮	每周1次，其中①②点还需要每天进行5分钟清扫	每周六下午4:30—5:00	各责任区所属单位的全体员工
办公设备	先用湿纱布沾洗涤剂轻轻擦拭，再用干纱布擦净设备重点部位之表面和容易积尘的地方，如电脑、传真机、复印机、空调等	湿纱布、干纱布	电脑主机和重点部位的正面、背面、顶部、通风口等容易积尘的地方无污垢	每周1次	每周六下午4:30—5:00	各使用人
机械设备	①空压系统、抹布擦拭；②工作台、椅自行扫擦，抹布擦拭，不能用风筒吹；③电气传动、滑动部位、切屑污垢抹布擦拭；④电气系统、抹布擦拭附着的灰尘，关电后轻拭开关等；⑤工具、模具、量具，柔软纱布擦拭	抹布、纱布	①各系统无尘埃、无污垢；②机械传动、滑动部位无阻塞、无杂物；③电气系统洁净、干燥、无腐蚀；④工具、模具、量具整亮	每天一小扫，每周一中扫，每月一大扫	每天上下班时，每周末、每月盘点时	作业员、技术人员

5. 改善污染源：从源头治理

在进行现场清扫和设备清扫时，有时候会觉得很沮丧，因为，设备在运行时，会产生一定量的边角料和切屑；同时，粉尘、刺激性气体、噪声、管道泄漏等污染都是污染源，而且总也处理不干净。例如，粉尘刚刚打扫完，一会儿又出现了，这种现象对负责打扫的员工而言，非常具有挫败感。随着清扫工作的深入，应该逐渐把清扫的重点放在改善污染源方面，以便于提高清扫效率和效果，避免员工产生抵触情绪。只有员工不抵触，清扫与检查工作才能持久地开展下去。

污染源一般分为两大类：一类是跑、冒、滴、漏；另一类是粉尘、碎屑。跑、冒、滴、漏的主要来源是设备或管道密封不严，漏油、漏气、漏水等都可能产生跑、冒、滴、漏的现象。粉尘、碎屑来源于生产制造本身，如加工木材要产生木屑，加工金属要产生铁屑，切割电路板要产生粉尘等。很多时候，来自生产工艺的粉尘、碎屑是不可避免的，这是加工过程中的副产品。

在6S管理活动中，对污染源一般使用杜绝式和收集式两种方式进行改善：一是针对源流部分进行管理，杜绝脏污产生；二是在无法杜绝污染发生时，应在污染产生后进行有效的收集、清理。对污染源的改善方式有以下两种。

（1）杜绝式

针对源流部分进行管理，从技术层面入手，如改善生产设备、修理损坏部分、省略产生脏污的工序等，以及设计免用油路设备、密封圈的更新。

（2）收集式

在无法杜绝污染发生时，应在污染产生后进行有效的收集。

污染源改善方式如表5-3所示。

表5-3 污染源改善方式表

对策构想	采用方式
杜绝式	① 制造设计，使制造加工过程不产生粉尘、脏污等； ② 滴漏防止，采用封套式、密闭式； ③ 设备维修，设备零部件松动或损坏的修理； ④ 跌落防止，改善搬运方法，加固搬运方式
收集式	① 收集容器、流槽的形状、大小； ② 收集污染的能力； ③ 收集污染的整体结构系统； ④ 收集后的清洗和处理

6. 实施清扫的注意事项

（1）不能简单地把清扫看成是打扫

清扫并不仅仅是打扫，而是加工制造过程中的重要组成部分，是要用心来做的。例如，对设备的清扫，应着眼于对设备的维护与保养。清扫也是为了改善。当在需清扫的地面发现纸屑和油水泄漏时，要查明原因，堵住脏污的源头，并采取措施加以改进。打扫是表面的，清扫是深层次的。

（2）清扫不只是保洁工的事

有人把清扫理解为简单的去去灰尘、做做表面文章的工作，认为公司只要多请几个保洁工就能保持环境干净，这是一种错误的观念。除了洗手间和一些公众的地方如走廊、楼梯以外，所有车间、工段、办公桌等地方都需要清扫。清扫必须由当事人来做，才能实现清扫的真正目的。尤其是负责设备维护与保养的人员，更要注意在进行设备维护的同时要清扫检查，以便及时发现隐患，及时加以解决。这样做，可以大大提高设备的运转效率，防止事故的发生，减少不必要的损失。

（3）清扫过后的废弃物要立即处理掉

在清扫的过程中，往往会产生大量的废弃物品，对这些废弃物品，要进行分类，集中存放、集中处理，能回收残值的尽量回收，不能回收的要立即处理掉。不要扫干净这个地方，却又弄脏另外一个地方。

（4）要注意对过高、过远地方的清扫

在清扫过程中，往往忽略对一些过高、过远对象的清扫，如天花板上的灰尘、悬挂着的吊扇上的污垢、设备的顶端脏污等，仅对一些容易清扫的物品进行清扫，不能真正杜绝脏污的产生。

四 熟练把握清扫推行的要领

1. 清扫推行的要领一——明确清扫目的

清扫是工作过程中重要的一部分。首先，员工只有明白什么是清扫、清扫的目的和注意事项都有哪些，员工才会自觉地、主动地去完成清扫工作；其次，要对员工进行各种宣传和教育，如安全教育、设备保养教育、设备的结构教育、技能提升教育等。

2. 清扫推行的要领二——界定清扫责任

界定清扫责任就是要分清谁来负责清扫、何时清扫、清扫哪里、怎么清扫、用什么工具来清扫、要清扫到什么程度，等等。清扫的对象是指要确定清扫的范围，清扫的场所，清扫的责任人、小组等；清扫的时间为从某一天的某一时间到另外一时间等；清扫的工具；清扫到什么程度，制定每台设备和每个车间的标准，应按照什么方法进行清扫等。

3. 清扫推行的要领三——全员参与

全员参与的概念至关重要，它是为了明确各自的责任，必须实行岗位责任制和值班的制度，这是非常有效的方法。进行区域划分、实行区域责任制，通过工厂平面图明确标记各责任区及负责人，同时把各责任区应细化成各自的定置图，责任到人，不可存在没有人负责的死角，建立清扫的机制和制定一项清扫制度，制定清扫的标准，确保区域干净、整洁，大家负责。

从工作场所扫除一切垃圾、灰尘，由作业人员自己动手清扫，而不是由清洁工来代替，只有作业人员自己动手才知道珍惜劳动成果，对环境变化才会有成就感，才能保持长久，对自己完成的清扫才会加倍珍惜，相应地，也会珍惜别人的劳动成果。

4. 清扫推行的要领四——定期进行

（1）资料文件的清扫

文件档案的清扫范围为过时的表单、报告书、检验书，没有用的文件、名片，修正完毕的原稿，回答了结的文件等过时、没有用的物品。首先是定期整理个人和公共的档案文件，保留经常使用和绝对必要的资料，保留机密文件和单位标准书档案文件，保留必须移交的资料；其次是建立文件的清扫标准，对机密文件的销毁必须进行管制。

（2）设备的清扫

设备一旦被污染了，就容易出现故障并缩短使用寿命，这是设备运行不灵和发生事故的原因。为了防止这类事件的发生，必须清除污染的源头，污染源大致同设备和日常工作有关，要定期进行设备、工具及使用方法等方面的检查，要经常细心地进行设备的清洁保养，要经常对设备、机械、装置内部进行清洁，不要有死角，要确认每台设备的构造和性能，明确其检查方法，用棉纱和碎布等擦拭设备，检查容易脏的地方，清除注油口、仪表表面操作部分的灰尘和污垢。对设备的保养还要注意对周围环境的检查，需要注意以下五点。

① 是否所有的设备都放置在合适的位置。
② 设备的各个部分是否有充足的照明。

③ 必要的工具、模具的放置场所是否明确。
④ 注意同周围设备的间隔是否有充足的空间。
⑤ 注意通道间的间断对阻止危险是否有益。

对设备的定期保养要不定期地进行检查，具体要注意以下四个方面。
① 检查注油口周围有无污垢和锈迹。
② 仪表表面操作部分有无磨损、灰尘、污垢和异物。
③ 操作部分、旋转部分和螺丝连接部分有无松动和破损。
④ 运转部分有无过高发热的现象。

5. 清扫推行的要领五——追踪污染源

一提起清扫常常想到的是除去表面污垢，其实最有效的清扫方法是清除污染源。清扫一般是用手来进行，而污染源要用手摸、眼看、耳听、鼻闻等方法，有时必须动脑筋想办法才能找到。

通过工作来寻找和清除造成污染现象的源头在哪里，即污染的源头在哪里，清扫困难的源头在哪里，故障的源头在哪里，浪费的源头在哪里，危险的源头在哪里，缺陷的源头在哪里。要是没有找到污染的源头，再怎么清扫都会有问题，特别是要追查到污染源并予以杜绝，污垢是一切异常和不良的根源，如配电柜内的污垢是短路、断路的主要原因；设备上残留的切削料会影响设备的精度；对污染的形态和对象予以明确化，调查污染的发生部位、发生量、影响的程度，研究并采取对策，如果能够使污染问题消除，使之不再发生自然最好，即使无法杜绝也要把发生量减到最低，或减少影响的范围。

6. 清扫推行的要领六——预防与保护

设备必须由操作员工清扫，只有自己才能够做好相关工作。清扫有两个作用：一是保护，如防锈、抹油、涂漆、修理；二是预防，如保养制度、扫怪、扫黑、扫漏、扫异。清扫对设备有保护和预防双重作用。通过清扫，对设备做检查、做点检去发现一些问题。

合理展开清扫的实施步骤

1. 准备工作

准备工作就是对员工做好清扫的安全教育，对可能发生的事故，包括触电、剐伤、捅伤、油漆的腐蚀等不安全因素，进行警示。很多人会觉得，清扫是一件很简单的事情，其实清扫的准备工作首先是要实施安全教育，这非常重要。

对于设备的耐用教育,如用什么方法可以减少人为的裂化,从而避免设备过早地因老化而出现故障;如何减少损失、提高效率,等等。通过学习设备的基本构造来了解机器设备及其工作原理,绘制设备简图,对出现尘垢、漏油、漏气、震动、异因等状况的原因要进行解析,使员工对设备有一定的了解。

指导并组织员工学习相关的指导书,明确清扫工具、清扫的位置,提出加油润滑、螺丝钉卸装的方法及具体的顺序、步骤等基本要求。

2. 清扫工作岗位范围内的一切垃圾、灰尘

作业人员要自己动手清扫而非由清洁工来代替,清除常年堆积的灰尘、污垢,不留死角,将地板、墙壁、天花板甚至灯罩的里边都打扫得干干净净。在工作岗位内设置一个区域,在这个区域内,对所有看得到的或看不到的物品与机器设备,都要进行清扫,扫除一切垃圾和灰尘。

3. 清扫、检查机器设备

设备应是一尘不染、干干净净的,每天都要保持设备原来的状态。对设备本身及其辅助设备也要进行清扫,比方说分析仪或气管、水槽容易发生冒烟、跑气、滴油、滴水等问题,对这些部位要重点检查和确认。对油管、气管、压缩空气机等不易被发现、看不到的内部结构也要处处留心。

4. 整修

对清扫中发现的问题,要及时进行整修。例如,地板凹凸不平,搬运车辆走在上面会摇晃甚至发生碰撞,导致问题发生,这样的地板就要及时进行整修。对于松动的螺栓要马上紧固,补上丢失的螺丝、螺帽等配件,对于那些需要防锈保护、润滑的部位要按照规定及时地加油或保养。

更换老化的或可能破损的水管、气管、油管等各种管道。只有通过清扫,才能随时发现工作场所的机器设备,或一些不容易看到的内部结构需要维修或保养,及时添置必要的安全防护装置。比方说,防电鞋、绝缘手套等,要及时地更换绝缘层;已经老化或被老鼠咬坏的导线,要及时地更换。

5. 查明污垢的发生源

污垢的发生源,主要由"跑、滴、冒、漏"等原因造成。

即使每天进行清扫,这些油渍、灰尘或碎屑还是遍布四处,要彻底地解决这个问题就必须查明污垢的发生源。要想从根本上解决经常发生滴油、漏油、漏水、冒烟等问题,必须通过每天的清扫,查明问题所在。随时查明这些污垢的发生源,从源头解决问题。要制订污垢发生源的明细清单,按照计划逐步地去改善,以达到将污垢从根

本上灭绝的目的。

6. 标志区域或界限

标志区域或界限，或者叫责任制，有些企业也叫安全责任区。对于清扫应进行区域划分，实行区域责任制，责任到人，不可存在无人理的死角。如果一个工厂有很多无人理的死角，就难免会出现问题。

以平面图的形式，把清扫范围划分到各部门，再由各部门划分至个人。公共区域可通过轮值和门前承包的方式进行清扫，门前承包区域的清扫情况将列入总结评比条件，人越少，责任区越大，得分自然越高。所以，不必相互退让，而要力争多承担。清扫工作必须做到责任到人，但也需要做到互相帮助。

7. 制定相关的清扫标准

清扫标准包括明确清扫的对象、方法、重点、周期、使用的工具、责任人等各种要素。例如，这个厕所是由谁清扫的、清扫工具是由谁保管的、多久清扫一次，会议室、电视机、计算机、机器设备等也都要明确保管人是谁或者清扫人是谁。

公共区域的清扫基准和查核表如表5-4所示，办公区域每日清扫单（规定例行清扫的内容，具体责任人）如表5-5所示。

表5-4 公共区域的清扫基准和查核表

日期	会议桌	地板	窗户	门柜	灯罩	椅子	奖杯、奖牌	画框	黑板	笔	电话	烟灰缸	纸杯	窗帘	垃圾桶	查核表
附注	1."○"表示良好，"×"表示不良；2.发现不良现象，责任人应尽快改进															

表5-5　办公区域每日清扫单（规定例行清扫的内容，具体责任人）

6S	责任人	值日检查内容
电脑区		电脑是否干净、无灰尘
检查区		作业台、作业场所是否整齐
计测区		计测器摆放是否整齐，柜面是否保持干净
休息区		地面无杂物，休息凳是否整齐
不良区		地面无杂物，除不良区无其他零件和杂物
零件规格书		柜内零件是否摆放整齐，标识明确
文件柜及其他		文件柜内是否干净，物品摆放整齐

备注：① 此表的6S部分由责任人每天实施；
　　　② 每天下班前15分钟开始清扫；
　　　③ 此表包括清洁器具、放置柜、门窗玻璃

Chapter Six

第六章

清洁实施的关键点

一 准确把握清洁的内涵与作用

1. 清洁的含义

清洁就是在整理、整顿、清扫之后的日常维持活动,即形成制度和习惯。清洁,是对前三项活动的坚持和深入。这一管理手段要求每位员工随时检讨和确认自己的工作区域内有无不良现象。

在6S管理过程中,清洁被认为是重复地做好整理、整顿、清扫工作,使其形成制度化、规范化,包含伤害发生的对策及成果的维持。如果将"清洁"的概念运用到工作现场中,就是切实遵守既定的规则,一丝不苟地进行打扫、彻底地清除垃圾,将这些行动持续下去,就是"干脆爽快的行动"。如果全体员工都能参与,其工作现场最终能营造出安心的工作氛围。

2. 清洁的目的

清洁是为了消除精神影响所产生的工作流程上的变动性,确保流程稳定运行。清洁的主要目的是维持和稳固整理、整顿和清扫的效果,保持生产现场在任何时候都处于整齐、干净的状态,也就是将整理、整顿、清扫活动进行到底,并成为一种制度和习惯。工作环境始终保持清洁、卫生,无污染、无灰尘、无废物,环境优美,让全体人员工作在既安全又健康的环境中。

清洁的含义与目的如图6-1所示。

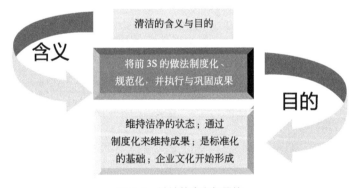

图6-1 清洁的含义与目的

(1) 维持洁净的状态

整理、整顿、清扫是动作,清洁是结果。即在工作现场进行整理、整顿、清扫活动后呈现的状态是清洁,而要保持清洁,就要不断地进行整理、整顿和清扫。所以,清洁就是把整理、整顿、清扫的事情坚持地、重复地做下去,从而维持洁净的状态。

（2）通过制度化来维持成果

通过进一步的整理、整顿、清扫检查，发现3S工作中的不足，认真进行改善。将推行3S好的工作经验标准化和制度化，对广大员工进行宣传教育，通过制度化来维持成果，使6S的工作不断地向纵深发展。

（3）是标准化的基础

所谓标准，就是"为了在一定范围内获得最佳秩序，经协商一致制定并由公认机构批准，共同使用和重复使用的一种规范性文件"。对整理、整顿、清扫如果不进行标准化，员工就只能按照自己的理解去做，实施的深度就会很有限，就只能进行诸如扫扫地、擦擦灰、物品摆放整齐一点之类的事情。要想彻底地解决现场管理混乱的问题，就应该重视作业的标准化工作，以维持整理、整顿、清扫工作的必要实施标准，避免由于作业方法不正确导致的工作效率过低和可能引起的设备和人身安全事故。

（4）企业文化开始形成

企业文化是一种现代企业的管理思想和管理模式，体现企业及其员工的价值准则、经营哲学、行为规范、共同信念，是全体员工共同遵守的准则，并通过员工的行为表现出来。通过6S管理，给企业文化建设注入新的内涵。

一是有利于企业核心力的竞争。企业依靠核心竞争力发展，而核心竞争力来源于员工队伍的整体素质。在6S管理的影响下，员工参加各种培训，使技术素质、管理素质得到提升。

二是有利于团队精神的培育。通过6S管理，企业的知名度和美誉度上升，管理文化的创新，员工行为的规范，更塑造了良好的企业形象。这些更增加了员工对企业和工作的忠诚度和信赖感，为团队精神的培育埋下良好的种子，必将铸造具有独特魅力的企业之魂。

三是有利于塑造知名品牌形象，为顾客提供直观、可信的产品。6S带来的规范化、制度化、标准化的工作方式，为稳定生产、提高产品质量打下坚实的基础，奠定有力的保障。

【专家提示】清洁，是一个企业的企业文化建设开始步入正轨的一个重要步骤。要成为一个制度必须充分利用创意，进行改善和全面标准化，从而获得坚持和制度化的条件，提高工作效率。

3. 清洁的作用

"清洁"与前面所述的整理、整顿、清扫的3S略微不同。前三部分是行动，清洁并不是"表面行动"，而是表示"结果"的状态。它当然与整理、整顿有关，但与清扫的关系最为密切。为机器设备清除油垢、尘埃，谓之清扫，而"长期保持"这种状态就是"清洁"，设法找出设备"漏水""漏油"的原因，彻底解决问题，这也是"清洁",是根除不良现象和脏乱的源头。因此,"清洁"是具有"追根究底"的科学精神,要从小事做起,创造一个无污染、无垃圾的工作环境。

① 维持作用。清洁起维持的作用,将整理、整顿、清扫后取得的良好成绩维持下去,成为公司内必须人人严格遵守的固定的制度。

② 改善作用。对已取得的良好成绩,不断地进行持续改善,使之达到更高、更好的境界。

 把握清洁的原则与关注点

1. 清洁三原则

坚持"三不要"原则,即不要放置不用的东西、不要弄乱、不要弄脏。不仅物品需要清洁,现场工人同样需要清洁,工人不仅要做到形体上的清洁,而且要做到精神上的清洁。

2. 清洁关注点

清洁并不是单纯从字面上进行理解,它是对前三项活动的坚持和深入,从而消除产生安全事故的根源,创造一个良好的工作环境,使员工能愉快地工作。这对企业提高生产效率、改善整体的绩效有很大的帮助。清洁活动实施时,需要秉持以下三个要点。

① 只有在清洁的工作场所才能高效率地生产出高品质的产品。
② 清洁是一种用心的行动,千万不要只在表面上下工夫。
③ 清洁是一种随时随地的工作,而不是上下班前后的工作。

此外,清洁要取得成效,还要做到以下三点。
① 制度化。
② 定期检查。
③ 坚持。

通过制度化,可以使整理、整顿、清扫工作自始至终、持之以恒;通过定期检查,可以发现存在的问题,实现持续改进,组织可以不断创新发展。

 切实执行清洁的推进步骤

1. 清洁的注意事项

清洁的注意事项如下。
① 各种工具、门窗、装(设)备尽量不要盖盖、关门,以便于目视。
② 制作各种标志牌,贴在相应的部位。

③ 实施了就不能半途而废，否则又回到原来的混乱状态；制作各种检查表，进行定期检查，以维持活动的成果。
④ 生产车间空气要清新，拥有良好的通风系统。
⑤ 特种工序现场要有抽气系统、防爆系统，确保职工工作安全、身心健康。
⑥ 设备要有操作使用说明书及标志。

2. 清洁的推进步骤

（1）对推进的组织进行培训或教育

人的思想是复杂而多变的，必须统一思想，才能一起朝着共同目标去奋斗。所以，必须把6S的基本思想灌输给企业的全体员工，并对其进行长期的、耐心的教育。

（2）区分工作区的必需品和非必需品

经过必要的培训或教育，就应该带领组员到现场，进行实际操作，将目前的所有物品整理一遍，区分工作区的必需品和非必需品，调查它们的使用周期，并认真记录。

（3）向作业者进行确认、说明

作业者就是岗位的主人，现场的作业者就是指岗位上的主人，是这个机器的操作人，或者这个责任区的负责人。作业者可以做好该岗位的工作，也能使该岗位的工作出现问题。因此，应该使岗位的作业者清楚自己的岗位需求，知道哪些是不完善或不适用的。所以，在区分必需品和非必需品时，应该先向保管人或作业人进行询问，并确认清楚，说明一些相关的情况。这样，在进行清洁时，就能得到更高的效率。

（4）撤走各个岗位的非必需品

只要是用不着的，或要很长时间才能用一次的，都称为非必需品。非必需品没有必要留在现场，必须全部撤走。绝不能以"明天再做"的心态来对待。在日本企业里，所谓及时处理，就是发现问题及时解决。

（5）整顿，规定必需品的摆放场所

整顿的目的就是把东西特别是必需品，摆在应该摆放的地方。撤走了非必需品并不是万事大吉了。现场的必需品应该怎样摆放，是否妨碍交通、妨碍操作者的操作及拿取是否方便，都是必须解决的问题。必须根据实际条件、作业者的作业习惯以及作业的规定来摆放必需品的位置。

（6）规定摆放的方法

必须明确规定物品的摆放方法，如摆放的高度、数量、宽度等，并将这些规定最终形成文件，以便于日后的改进及对其更好的推进和总结。

（7）进行标识

所有的工作都做了，下一步就要做一些标识，标识规定的位置、高度、宽度、数量，应方便员工识别，以减少员工的记忆劳动。标识好了，就能使员工一目了然。这样，也会大大减少因为选择错误而造成的成本损失。

（8）对作业者说明放置和识别的方法

将规定下来的放置方法和识别方法交给作业者，将工作从推进人员手中移交给作业者进行日常维护。将规定下来的放置和识别方法告诉作业者、员工，在说明时必须注重原则性的问题。有些作业者开始可能有些不太适应或认为不对时，要做好其思想工作，凡是有必要的就坚决实行规定。在实施中可以提出改进意见，但不得擅自取消实施。

（9）清扫并在地板上画出曲线，明确责任区或责任人

切实抓住清洁推行的要领

1. 落实前3S的工作

（1）制定清洁手册

整理、整顿、清扫的最终结果是形成"清洁"的作业环境。要想做到这一点，动员全体员工参加整理、整顿、清扫是非常必要的，所有的人都应该清楚要干什么。对每一个人都要划分责任区，每一个人都要参加6S的维护工作，把大家认可的各项应做的工作和应保持的状态汇集成册并形成专门手册，从而达到确认的目的。

清洁手册要明确以下内容。

① 工作现场地板的清洁程序、方法和清洁状态。

② 确定区域和界限，规定完成后的状态。

③ 设备的清扫、检查进程和完成后的状态。

④ 设备的动力部分、传动部分、润滑油、油压、气压等部位的清扫、检查进程及完成后的状态。

⑤ 公司清扫计划的责任者、规定清扫实施后及日常的检查方法。

（2）定期检查

清洁是通过检查前3S实施的彻底程度来判断其水平和程度，一般需要制订相应的检查表来进行具体检查。检查中遇到问题时，应拍下照片，记录清楚问题点，以便于责任人进行整改。

定期检查表如表6-1所示。

表6-1　定期检查表

序号	检查点	检查 是	检查 否	对策（完成日期）
1	放置场所有无不要的东西			
2	通道上是否放置不要的东西			
3	有无不要的机械			
4	栏架上有无不要的东西			
5	机械周遭或下边有无不要的东西			
…				

整顿检查表如表6-2所示。

表6-2　整顿检查表

序号	检查点	检查 是	检查 否	对策（完成日期）
1	制品放置场所是否显得凌乱			
2	装配品放置场所是否做好"三定"（定位、定品、定量）			
3	零件、材料放置场所是否做好"三定"（定位、定品、定量）			
4	画线是否已完成80%以上			
5	工具存放是否以开放式来处理			
6	工具是否显得凌乱			
7	模具放置场所是否一目了然			
…				

清扫检查表如表6-3所示。

表6-3　清扫检查表

序号	检查点	检查 是	检查 否	对策（完成日期）
1	制品仓库里的物品或棚架上是否沾有灰尘			
2	零件材料或棚架上是否沾有灰尘			
3	机器上是否沾有油污或灰尘			
4	机器的周遭是否飞散着碎屑或油滴			
5	通道或地板是否清洁			
6	有否执行油漆作战			
7	机器周遭是否有碎屑或铁片			
…				

（3）坚持实施5分钟3S活动

每天工作结束之后，花5分钟时间对自己的工作范围进行整理、整顿、清扫活动，不论是生产现场还是行政办公室都不能例外。

5分钟3S活动必须做的项目如下。

① 整理工作台面，将材料、工具、文件等放回规定的位置。
② 整理次日要用的换洗品，如抹布、过滤网、搬运箱。
③ 理顺电话线，关闭电源、气源、水源。
④ 倾倒工作垃圾。
⑤ 对齐工作台椅，并擦拭干净，人离开之前把椅子归位。

2. 制定目视管理、颜色管理的基准

清洁的状态，狭义上是指"清净整洁"。广义上是指"美化正常"，也就是除了维持前3S的效果以外，更要通过各种目视化的措施，来进行点检工作，使"异常"现象能及时被消除，让工作现场保持正常的状态。

借整顿的"定位""画线""标识"工作，彻底塑造一个地、物明朗化的现场，从而达到目视管理的要求。

3. 制定稽核方法

稽核的作用是增强公司员工的工作意识，养成良好的工作习惯，提升公司形象及员工归属感，减少浪费，使产品质量有保证，工作效率有提高。

稽核评分标准如下。

① 每个部门建立一份"清洁稽核考评标准表"，作为稽核的标准。
② 6S小组定期于每周稽核。组长负责组织稽核，并收集、汇总、公布各推行人员的评分结果。
③ 得分为所有参加稽核推行人员总和的平均值。

4. 制定奖惩制度，加强执行

清洁奖惩之目的在于鼓励先进、鞭策后进，形成全面推行的良好气氛。奖惩的具体实施应以促进6S工作开展为中心，不以惩罚为目的。依6S竞赛办法，对在6S活动中表现优良和执行不力的部门及人员予以奖惩。奖惩只是一种形式，而团体的荣誉与进步才是最重要的。

5. 持续形成6S意识

企业一旦开始实施6S就绝对不能半途而废，否则就会很快地退回到原来的状态。很多企业在推行6S的过程中，刚开始时都很积极，全体员工、领导都非常重视，集

会、宣传、海报、演讲比赛等都在具体化地实施6S。可是过了一段时间以后，很多企业又逐渐退回到原来的状态。

推动6S并不是某个人的事情，而是每一个人的事情，领导必须以身作则，要持续不断、坚持不懈，必须树立一就是一、二就是二的观念，对长时间养成的坏习惯，必须长时间地、持之以恒地进行改正。

6. 高层主管经常带头巡查、带头重视

要想始终保持整理、整顿、清扫的状态，很重要的一点就是要做到在手头空闲的时候能够随时认真地收拾打扫，更重要的是，企业的领导层应该对6S活动坚持不懈地予以支持。全体员工时时刻刻都在关注企业领导层的态度和行为。如果企业领导层对6S活动非常重视，员工即使有所抱怨，也会持续地对自己负责的区域进行维护，6S活动就会慢慢地固化下来。同时，为了使全体员工清楚地看到领导层对6S活动的执着程度，领导层应该亲自到现场进行巡查，以对各个区域进行巡回点评。

五 熟练掌握清洁方法与标准

1. 推进清洁的方法

（1）实施标准化，制定专门的标准、手册

① 标准、手册内容明确，便于实施。
② 制定工作现场的清扫程序、方法，明确清扫后的状态。
③ 确立区域和画线的原则。
④ 明确设备的清扫、检查程序和完成后的状态。
⑤ 明确设备的动力、传动、润滑、油压、气压等部分清扫、检查的程序及完成后的状态。
⑥ 明确清扫计划、清扫责任者及日常的检查。

（2）岗位规范化，明确清洁的状态

清洁的状态主要包括三个要素：干净、高效、安全。具体如下。
① 地面的清洁。
② 窗户和墙壁的清洁。
③ 工作台的清洁。
④ 工具与工装的清洁。
⑤ 设备的清洁。
⑥ 货架和放置物资场所的清洁。

（3）检查评比，持续改进

坚持日常自检和定期组织检查，检查现场的清洁状态和现场标志是否适宜高效作业，以及是否文实相符。

（4）环境色彩明亮化

明亮的工作环境给人的工作情绪以良好的影响，厂房、车间、设备、工作服都应采用明亮的色彩。

2. 推进清洁的标准

（1）检查有哪些不要的东西（整理）

① 不要物品的检查点。实施3S之后，员工应检查身边是否有不要的东西，并做好相关记录，记录可采用表格的形式。整理检查表如表6-4所示。

表6-4　整理检查表

部门：　　　　　　　　　　　检查者：　　　　　　　　　　　日期：

序号	检查点	检查		对策（完成日期）
		是	否	
1	放置场所有无不用的东西			
2	通道上是否放置不要的东西			
3	有无不用的机械			
4	栏架上下有无不用的东西			
5	机械周围有无不用的东西			
…				

② 将废弃物品编制一览表并处理。处理原则是：库存与设备是公司的资产，个人不能任意处分；编制废弃库存品一览表、废弃设备一览表（如表6-5～表6-7所示）；一定要全数显示；与财务部责任人协商后处理。

表6-5　废弃库存品一览表

部门：　　　　　　　　　　　检查者：　　　　　　　　　　　日期：

序号	品名	规格	数量	单位	金额	废弃品区分	价值	备注

表6-6　废弃设备一览表（一）

部门：　　　　　　　　　检查者：　　　　　　　　　日期：

序号	设备名	设备区分	资产号	数量	单价	金额	设备日期	累计折旧	账册	设备场所	备注

表6-7　废弃设备一览表（二）

部门：　　　　　　　　　检查者：　　　　　　　　　日期：

序号	地点	管理责任人	面积/平方米	使用预定	备注

（2）检查物品的放置方法（整顿）

① 将废弃物品编制一览表并处理。检查物品的放置方法，首先就得明确物品放置方法的检查点，并做好检查记录。整顿检查表如表6-8所示。

表6-8　整顿检查表

部门：　　　　　　　　　检查者：　　　　　　　　　日期：

序号	检查点	检查 是	检查 否	对策（完成日期）
1	制品放置场所是否显得凌乱			
2	装配品放置场所是否做好"三定"（即定位、定品、定量）			
3	零件、材料放置场所是否做好"三定"（即定位、定品、定量）			
4	画线是否已完成80%以上			
5	治工具的存放是否以开放的形式来处理			
6	治工具是否显得零乱			
7	模具放置是否一目了然			
…				

② 列出整顿鉴定表。员工对自己负责的工作场所进行再次检查，有30个以上"否"的项目时，则再进行整理。

整顿表的主要项目有部门（填入整顿对象的部门或工程名）、检查者（填入检查者的姓名）、分类（将整顿的项目进行分类）、检查点（整顿对象的着眼点）、检查（检查者在现场巡视的同时做检查，"是"——有做到，"否"——没做到，必须采取对策处理）、对策和完成日期（针对检查中"否"的场合，提出对策或改善方案，将其填入改善栏内）。

整顿鉴定表如表6-9所示。

表6-9 整顿鉴定表

部门：　　　　　　　　　　检查者：　　　　　　　　　　日期：

分类	序号	检查点	检查 是	检查 否	对策（完成日期）
库存品	1	置物场有无"三定"揭示看板			
	2	是否一眼就能看出定量标识			
	3	物品放置方法是否呈水平、垂直、直角、平行状态			
	4	置物场有无立体化的余地			
	5	是否能够"先进先出"			
	6	为防止物品间发生碰撞，是否有缓冲材料或隔板			
	7	是否能防止灰尘进入			
	8	物品是否直立摆放在地面上			
	9	不良品的保管是否有特定置物场			
	10	有无不良品放置的看板			
	11	不良品是否容易看见			
	12	有无不良品的放置场所			
工用具	13	放置场所是否有"三定"看板			
	14	工用具本身是否贴上名称或代码			
	15	使用频率高的工用具是否放置在作业场所附近			
	16	是否依制品的类别来处理			
	17	是否依作业程序来决定放置方式			
	18	工用具在作业揭示书中有无指定场所			
	19	工用具是否零乱，能否在当场看出来			
	20	工用具显得零乱，能否当场即予以处理			
	21	工用具能否依通用化而将其减少			
	22	工用具能否代替手段而将其减少			
	23	是否考虑归位的方便性			
	24	是否在使用场所的10厘米以内规定放置处			
	25	是否放置在10步以外			
	26	放置方法是否恰当，保证不弯腰就可以拿到			
	27	是否能吊起来			
	28	即使不用眼睛看，是否也能大概地归位放好			
	29	目标尺寸范围是否很广			

续表

分类	序号	检查点	检查 是	检查 否	对策（完成日期）
工用具	30	能否交替更换治工具			
	31	是否依外观整顿			
	32	是否依颜色整顿			
刀具	33	使用频率高的道具是否放置在身边			
	34	使用频率低的道具是否可以共同使用			
	35	能否以制品组合方式处理			
	36	有无采取防止碰撞的对策			
	37	抽屉有无使用波浪板			
	38	抽屉是否采用纵方向整理			
	39	研削砥石是否堆积放置			
	40	有无采取刀具的防锈对策			
计量器具	41	放置场所是否有防止灰尘或污物的措施			
	42	计量器具放置场所是否有"三定"处理			
	43	是否知道计量器具的有效使用期限			
	44	微米量尺、转动量尺是否放置在不震动处			
	45	有无垫避震材料			
	46	方量规、螺丝量规是否有防碰撞措施			
	47	测试单、直角尺有无吊挂，以防止变形			
油品	48	是否做油罐→给油具→注油口的色别整顿			
	49	是否做油品种类汇总			
	50	在油品放置处是否有"三定"看板			
安全	51	通道有无放置物品			
	52	板材等长方形物品是否直立放置			
	53	对易倒的物品有无设置支撑物			
	54	物品的堆积方式是否容易倒塌			
	55	是否把物品堆积得很高			
	56	回转部分有没有用盖子盖上			
	57	危险标识是否做得很清楚醒目			
	58	危险区域是否做得很清楚醒目			
	59	消防灭火器的标识是否从任意角度都能看见			
	60	消防灭火器的放置方式是否正确			
	61	防火水槽、消防栓的前面是否堆置物品			
	62	交叉路口有无暂停记号			
综合结论					

（3）清除灰尘、垃圾的检查点（清扫）

① 清扫的检查点。用手抹抹窗框，就大致可以知道工作场所的清扫程度，也可以采用白手套检查法。消除灰尘、垃圾检查表如表6-10所示。

表6-10　消除灰尘、垃圾检查表

部门：　　　　　　　　　　检查者：　　　　　　　　　　日期：

序号	检查点	检查		对策（完成日期）
		是	否	
1	制品仓库里的物品或棚架上是否沾有灰尘			
2	零件材料或棚架上是否沾有灰尘			
3	机器上是否沾满油污或灰尘			
4	机器周围是否飞散着碎屑或油滴			
5	通道或地板是否清洁			
6	是否执行油漆作战			
7	机器周围是否有碎屑或铁片			
…				

② 填写清扫检查表。"清扫检查表"的用途是列出库存、设备、空间的有关事项及清扫时的检查点。其主要项目包括部门（填入检查对象的部门或工程名）、检查者（填入检查者的姓名）、分类（清扫对象的类别）、检查点（与清扫有关的检查要点）、检查（检查者一边现场巡视一边进行检查，"是"——有做到，"否"——没做到，必须采取对策处理）、对策和完成日期（对检查中"否"的场合，要明确记载对策与完成日期）。清扫检查表如表6-11所示。

表6-11　清扫检查表

部门：　　　　　　　　　　检查者：　　　　　　　　　　日期：

分类	序号	检查点	检查		对策（完成日期）
			是	否	
库存品	1	是否清除与制品或零件、材料有关的碎屑或灰尘			
	2	是否清除切削或洗净后的零件所产生的污锈			
	3	是否清除库存品保管棚上的污物			
	4	置物场有无立体化的余地			
	5	是否清除库存品、半成品移动时栈板上的污物			
	6	是否清除机器设备周边的灰尘、油污			
	7	是否清除机器设备下的水或油，以及垃圾			
	8	是否清除设备上的灰尘、污垢、油污			
	9	是否清除机器设备侧面或控制板套盖上的油污、手污			

续表

分类	序号	检查点	检查 是	检查 否	对策（完成日期）
设备	10	是否清除油量显示表或压力表等玻璃上的污物			
	11	是否将所有的套盖打开,清除其中的污物或灰尘			
	12	是否清除开关类物品上的灰尘、污垢等			
	13	是否清除附着于气压管、电线上的尘埃、垃圾			
	14	是否清除附着于灯管上的灰尘（使用软布）			
	15	是否清除段差面上的油垢或灰尘（使用湿抹布）			
	16	是否清除附着于刀具、工具上的灰尘			
	17	是否清除模具上的污垢			
	18	是否清除测定器上的灰尘			
空间	19	是否清除地板或通道上的沙、土、灰尘等			
	20	是否清除地板或通道上的积水或油污			
	21	是否清除墙壁、窗户等处的灰尘或污垢			
	22	是否清除窗户玻璃上的手印、灰尘			
	23	是否清除天花板或梁柱上的灰尘、污垢			
	24	是否清除照明器具上的灰尘			
	25	是否清除照明器具盖、罩上的灰尘			
	26	是否清除楼梯上的油污、灰尘、垃圾			
	27	是否清除棚架或作业台上等处的灰尘			
	28	是否清除梁柱上、墙壁上、角落等处的灰尘、垃圾			
	29	是否清除建筑物周边的垃圾、空瓶			
	30	是否使用清洁剂清洁外墙上的污脏			
综合结论					

对一个破坏规则与标准的人如果没有及时给予处罚，连续破坏规则与标准的人就会出现，这就是所谓的"破窗效应"。"破窗效应"理论认为，如果有人打坏了一栋建筑物的某扇窗户玻璃，而这扇窗户玻璃又得不到及时的维修，某些人就可能受到某些暗示，去打烂更多的窗户玻璃。久而久之，这些被打碎的窗户就会给人一种无序的感觉。结果在这种具有强烈暗示性的氛围中，攻击性的行为就会逐渐滋生、猖獗，并成为一种主流，甚至成为值得炫耀的行为。这个理论给我们的启示就是，环境具有强烈的暗示性和诱导性，必须及时修复"第一扇被打碎的窗户玻璃"，以免给人造成一种无序的感觉。因此，标准一经制定，任何人都必须严格遵守，否则就失去了制定的意义。

在6S制度制定与贯彻方面，"破窗效应"也同样起着作用。

"护窗"是关键，必须倡导和坚守每一条6S规范。每一条6S规范，都好比一栋建筑物的窗户。窗户必须经常擦拭、维护，以保持清洁完整。6S规范也需要通过学习、宣传、倡导，使其得到很好的贯彻落实。

"补窗"是保证，必须及时喊停背离规范的行为。"破窗效应"已经告诉我们，小问题如果不及时解决，任其发展，就会对人产生一种暗示作用，从而导致更大的问题。所以，现场的6S状态如果与企业的标准不一致，甚至对企业的利益有损害时，必须及时进行制止和纠正。把"破窗"及时修补好，给人一种整洁有序的感觉，坏风气、坏习惯就没有了可乘之机，企业风气就会越来越好，从而形成一个良性循环。

为了保证6S标准与制度的落实，保证不出现"破窗"现象，就要进行6S检查。6S检查主要包括自我检查、巡视检查、评比检查三种。

3. 清洁的实战表单

清洁是通过检查前3S实施的彻底程度来判断其水平和程度。一般要制定对各种生产要素、资源的检查判定表，来进行具体的检查。

（1）作业台、椅子

作业台、椅子清扫检查表如表6-12所示。

表6-12 作业台、椅子清扫检查表

项目	内容
整理	① 现场不用的作业台、椅子； ② 杂物、私人物品藏在抽屉里或台垫下； ③ 放在台面上当天不用的材料、设备、夹具； ④ 用完后放在台面上的材料的包装袋（盒）
整顿	① 凌乱地搁置在台面上的物料； ② 台面上下的各种电源线、信号线、压缩空气管道等各种线、管道乱拉乱接，盘根错节； ③ 作业台、椅子的尺寸、形状大小不一、五颜六色，非常不雅； ④ 作业台、椅子等都无标识
清扫	① 设备和工具破损、掉漆、缺胳膊断腿； ② 到处是灰尘、脏污； ③ 材料余渣、碎屑残留； ④ 墙上、门上乱写乱画； ⑤ 垫布发黑，许久未清洗； ⑥ 表面干净，实际却脏污不堪

（2）货架

货架清扫检查表如表6-13所示。

表6-13　货架清扫检查表

项目	内容
整理	① 现场到处都是货架，几乎变成了临时仓库； ② 货架与摆放场所大小不相适应，或与所摆放之物不相适应； ③ 不用的货物、设备、材料都堆放在货架上面
整顿	① 摆放的物品没有识别标志，除了当事人之外，其他人一时都难以找到； ② 货架或物品堆积得太高，不易拿取； ③ 不同的物品层层叠放，难于取放； ④ 没有按"重低轻高"的原则来摆放
清扫	① 将物品连同外包装在内，一起放在货架上，清扫困难； ② 只清扫货物却不清扫货架； ③ 货架布满灰尘、脏污； ④ 物品已放很久也没有再确认，很有可能变质

（3）通道

通道清扫检查表如表6-14所示。

表6-14　通道清扫检查表

项目	内容
整理	① 弯道过多，机械搬运车通行不便； ② 行人和货物的通道混用； ③ 作业区与通道混杂在一起
整顿	① 未将通道位置划出； ② 被占为他用； ③ 被占物品摆放超出通道； ④ 坑坑洼洼，凹凸不平，人、车辆全都不易通行
清扫	① 灰尘多，行走过后有痕迹； ② 有积水、油污、纸屑等； ③ 有灰尘、脏污之处； ④ 很久未打蜡或刷漆，表面锈迹斑斑

（4）设备

设备清扫检查表如表6-15所示。

表6-15　设备清扫检查表

项目	内容
整理	① 现场有不使用的设备； ② 残旧、破损的设备，有人使用却没有进行维护； ③ 过时、老化的设备仍在走走停停地勉强运作

续表

项目	内容
整顿	① 使用暴力，野蛮操作设备； ② 设备放置不合理，使用不便； ③ 没有定期地保养和校正，精度有偏差； ④ 运作的能力不能满足生产要求； ⑤ 缺乏必要的人身安全保护装置
清扫	① 有灰尘、脏污之处； ② 有生锈、褪色之处； ③ 渗油、滴水、漏气； ④ 导线、导管全都破损、老化； ⑤ 滤脏、滤气、滤水等装置未及时更换； ⑥ 标识掉落，无法清晰地分辨

（5）办公台

办公台清扫检查表如表6-16所示。

表6-16 办公台清扫检查表

项目	内容
整理	① 办公台多于作业台，几乎所有的管理人员都配有独立的办公台； ② 每张办公台都有一套相同的办公文具，未能做到共用； ③ 办公台面干净，抽屉里边却杂乱无章； ④ 不能用的文具也在办公台上； ⑤ 私人物品随意放置； ⑥ 茶杯、烟灰缸放在上面； ⑦ 堆放了许多文件、报表
整顿	① 现场办公台的设置位置主次不分； ② 办公台用作其他用途； ③ 台面办公文具、电话等没有进行定位； ④ 公共物品也放在个人抽屉里； ⑤ 抽屉上锁，其他人拿不到物品
清扫	① 台面脏污，物品摆放杂乱无章，并且积有灰尘； ② 办公文具、电话等物品污迹明显； ③ 办公台上的垃圾多日未倾倒

（6）文件资料

文件资料清扫检查表如表6-17所示。

表6-17　文件资料清扫检查表

项目	内容
整理	① 各种新旧版本并存，分不清谁新谁旧和孰是孰非； ② 过期的仍在使用； ③ 需要的人员没有，无关人员反倒很多； ④ 保密文件无人管理，任人随意阅读； ⑤ 个人随意复印留底
整顿	① 未能分门别类摆放，也没有用文件柜、文件夹存放； ② 没有定点摆放，四处都有，真正要用的又不能及时找出来； ③ 文件种类繁多，难以管理； ④ 接收、发送都未记录或未留底稿； ⑤ 即使遗失不见了，也没有人知道
清扫	① 复印件不清晰，难以辨认； ② 随意涂改，没有理由和负责人； ③ 文件破损、脏污； ④ 文件柜、文件夹等污迹明显； ⑤ 没有防潮、防虫、防火等措施

（7）公共场所

公共场所清扫检查表如表6-18所示。

表6-18　公共场所清扫检查表

项目	内容
整理	① 空间用来堆放杂物； ② 洗涤物品与食品混放； ③ 消防通道堵塞； ④ 排水、换气、调温、照明等设施不全； ⑤ 洗手间男女不分，时常出现令人十分尴尬的场面
整顿	① 区域、场所无标识； ② 无整体规划图； ③ 物品无定位、定置； ④ 逃生路线不明确； ⑤ 布局不合理，工作效率低
清扫	① 玻璃破损，不能挡风遮雨； ② 门、窗、墙被乱涂乱画； ③ 墙发黑，地面污水横流； ④ 采光不好，视线不佳； ⑤ 外层污迹明显，无人擦洗； ⑥ 无人定期进行必要的清洁、消毒

第七章

安全推进的
关键点

准确把握安全的内涵与原则

1. 安全的含义及作用

安全,在6S管理中是指不导致人员伤亡、危害健康的环境,不会给设备或财产造成破坏或损失。换句话说,企业的人员、设备及财产"无危无损",状态良好。企业在生产工作中,实行安全管理具有重大作用。

首先,安全管理可以有效防止伤亡事故和职业危害的发生。任何事故的发生不外乎四个方面的原因,即人的不安全行为、物的不安全状态、环境的不安全条件和安全管理的缺陷。人、物和环境方面出现问题的原因常常是安全管理出现失误或存在缺陷。因此,安全管理缺陷其实就是事故发生的根源,是事故发生的深层次的本质原因。生产中伤亡事故统计分析表明,绝大多数的伤亡事故与安全管理缺陷密切相关。

其次,安全管理的有效实施有助于改进企业管理,全面推进企业各方面工作的进步,促进经济效益的提高。安全管理是企业管理的重要组成部分,与企业的其他管理密切联系、互相影响、互相促进。必须从人、物、环境以及它们的合理匹配方面采取对策,才可以有效防止伤亡事故和职业危害。这些对策包括人员素质的提高,作业环境的整治和改善,设备与设施的检查、维修、改造和更新,劳动组织的科学化以及作业方法的改善等。

安全管理和企业管理的改善,劳动者积极性的发挥,都必然会大大促进劳动生产率的提高,从而带来企业经济效益的增长。如果事故频繁发生,不但会影响职工的安全与健康,挫伤职工的生产积极性,导致生产效率降低,还会造成设备损坏与财产损失,无谓地消耗许多人力、财力、物力,带来经济上的巨大损失。

2. 安全管理原则

(1)安全第一、预防为主原则

"安全第一、预防为主、综合治理"是安全生产的一贯原则。安全第一,是指在看待和处理安全同生产和其他工作的关系上,要突出安全,把安全放在一切工作的首要位置。当生产和其他工作同安全发生矛盾时,安全是主要的、第一位的,生产和其他工作要服从于安全,做到不安全不生产,隐患不处理不生产,安全措施不落实不生产。预防为主,是指在事故预防与事故处理关系上,以预防为主,防患未然。

(2)"三同时"原则

《中华人民共和国安全生产法》第二十八条规定:"生产经营单位新建、改建、扩建工程项目(以下统称建设项目)的安全设施,必须与主体工程同时设计、同时施工、同时投入生产和使用。安全设施投资应当纳入建设项目概算。"同时设计、同时施工、同时投入生产和使用原则，简称"三同时"原则。

（3）"四不放过"原则

"四不放过"原则的具体内容是：事故原因未查清不放过；事故责任人未受到处理不放过；事故责任人和周围群众没有受到教育不放过；事故指定的切实可行的整改措施未落实不放过。事故处理的"四不放过"原则要求，对安全生产工伤事故必须进行严肃认真的调查处理，接受教训，防止同类事故重复发生。

（4）安全生产人人管理、自我管理原则

企业生产依靠全体职工，企业安全管理必须建立在广泛的群众基础之上，依靠全体职工的自我管理，充分调动职工安全生产的积极性。各部门要结合自己的业务，对本部门的安全生产负责，使安全管理贯穿于企业生产建设的全过程，真正实行全员、全面、全过程、全天候安全管理，防止和控制各类事故的发生，实现安全生产。

（5）管生产必须管安全原则

管生产必须管安全原则是安全生产最基本的准则之一，在安全管理中发挥着十分重要的作用。坚持管生产必须管安全原则，企业法人和各级行政正职是安全生产的第一责任人，对本单位、本部门的安全生产负全责，其他管理人员都必须在承担生产责任的同时对其职责范围内的安全工作负责。

详尽落实安全的实施要点

1. 建设企业安全文化

国外推行5S现场管理，只有整理、整顿、清扫、清洁、素养五个要素。基于安全形势以及国内企业对安全的重视，国内绝大多数企业把5S管理活动变成6S管理活动，突出安全要素的重要性。

安全是指消除人的不安全行为和物的不安全状态，目的在于保障员工的人身安全和生产的正常进行，防止各类事故的发生，减少经济损失。其本质要义在于企业应该"无不安全的设备、操作、现场"，突出人性化管理。企业产生不安全结果的原因在于员工的不安全行为，在于企业运行过程中存在不安全的隐患因素，而这些不安全的隐患因素没有为员工所发现，没有受到重视，根本在于企业员工的安全意识淡薄。安全包括人的安全、企业的安全、货物的安全、作业工具的安全以及环境的安全等。在企

业推行6S管理活动,其中安全要素的本质在于增强企业以及企业员工的安全与安全管理意识,消除安全隐患(个人与企业的),保障个人与组织的安全,保证企业持续经营,减少企业的安全成本。

安全要素的本质理解如图7-1所示。

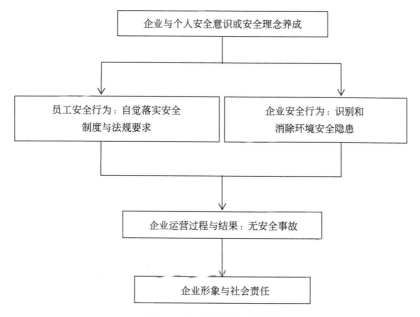

图7-1　安全要素的本质理解

6S管理突出安全理念,因为理念决定目标和行动,目标和行动又影响整个安全工作的进程。美国杜邦公司坚持"一切事故都是可以预防的"安全理念,企业建立安全文化体系,公司发展至今已成为世界知名企业,安全也成为企业的品牌。安全文化是企业为了安全生产创造的文化,是企业员工安全价值观和安全行为准则的总和,并最终让安全成为全员的一种职业习惯,从而实现企业本质安全。6S管理着重于对现场、实物的管理,其本质是一种执行力的安全文化,它将岗位绩效管理、现场目视管理、分级分色管理、清洁生产和安全生产的思想和持续改进、不断提升员工素养的企业管理理念融入企业安全文化之中,并最终形成一种动态管理方法,是深化企业安全文化建设的重要抓手和载体。良好的安全习惯并不是与生俱来的,也不是一蹴而就的,而是在抓反复、抓日常、抓细节中逐渐养成的。企业推行6S管理,可以把"安全是一种职业习惯"的理念深入员工心中,潜移默化地成为每一个岗位员工的自觉意识和自觉行动。

企业应该把6S定位为安全文化的重要组成部分,通过建立6S管理支撑体系,深化安全文化内涵,推进本质安全型企业的建设。企业的安全管理可以整合到6S管理中。

2. 推行安全的要点

6S管理活动把人的安全思维方式和行为准则、安全意识和安全理念、安全道德观和价值观作为核心，居支配地位，起决定性作用，强调培养员工的自主安全意识。在安全管理方面，企业要实行人本化与制度化管理相结合，一方面通过制度、规章确保员工安全习惯与安全意识的养成，另一方面相信员工在安全运营管理中的能动性、主动性。

企业在安全推进方面的注意点是：安全生产，人人有责。具体实施要点如下。

① 建立系统的安全管理体制。
② 制定严格的操作规程。
③ 完善各种安全制度。
④ 开展员工的安全教育培训（对新进人员强化6S中的安全教育、实践）。
⑤ 推动各种意识养成与精神提升活动（早会、班会、总结会等）。
⑥ 制定奖惩制度，加强执行。
⑦ 高级管理人员经常带头巡查，以表重视。
⑧ 实行现场巡视，排除隐患。
⑨ 执行例行扫除，清理脏污与消除安全隐患。
⑩ 建立岗位安全行为基准，作为规范。
⑪ 创建明快、有序、安全的作业环境。

严格执行安全的推行步骤

1. 现场危险辨识与风险控制

通常，可以解决管理中各种棘手问题的人，都是优秀的管理者。俗话说得好，"预防重于治疗"，能防患于未然之前，更胜于治乱于已成之后。由此观之，管理问题的预防者，更优于管理问题的解决者。

企业危险源辨别与分类具体如下。

① 物理性危险。
② 化学性危险。
③ 生物性危险。
④ 生理性危险。
⑤ 行为性危险。
⑥ 其他危险和危害。

安全以预防为主，要消除危险、危害，应从根源上解决问题。清查厂内所有在用的危害物并制作危害物清单，对已识别的危害采取预防措施，即消除物的不安全状态、人的不安全行为、环境的不安全因素。

常见不安全行为汇总如表7-1所示。

表7-1 常见不安全行为汇总

序号	不安全行为
1	班前、班中饮酒，酒后上岗、串岗、脱岗、睡觉
2	擅自进入危险区域（喷溅、煤气、放射源、有毒有害、易燃易爆、高温烫伤、吊物下方等），跨越红坯辊道，跨越转盘，乘、坐、钻皮带，跨越运转设备、卷扬机，卷扬机三角区内站人
3	上下楼梯手未扶栏杆
4	高处作业不系安全带或不设置安全网
5	违反起重作业"不吊"项：超载或被吊物重量不明时不吊；非信号人员指挥或指挥信号不明确时不吊；捆绑、吊挂不牢或不平衡可能引起吊物滑动时不吊；被吊物上有人或有浮置物时不吊；结构或零部件有影响安全工作的缺陷或损伤时不吊；遇有拉力不清的埋置物时不吊；工作场地昏暗，无法看清场地、被吊物和指挥信号时不吊；重物棱角处与捆绑钢丝绳之间未加衬垫时不吊；钢（铁）水包装得太满时不吊；超重或埋藏地下物时不吊；吊钩没对准货物重心（歪拉斜拽）时不吊；简化挂索、捆绑不牢时不吊；6米以上长大件货物无牵引绳时不吊；安全装置、机械设备有异常或有故障时不吊；从人头上越过及垂臂下站人时不吊；氧气瓶、乙炔发生器等易爆器械无安全措施时不吊；6级以上大风和雷暴雨时不吊；在斜坡上或坑沿、堤岸不填实时不吊；吊索夹角过大时不吊（不宜超过90度）
6	机动车辆混装乙炔瓶、氧气瓶或使用翻斗车装运气瓶
7	擅自拆卸、挪用或损坏安全标志和防护、信号装置
8	在有粉尘场所作业未按规定戴防尘口罩
9	气瓶在阳光下暴晒、靠近热源、坐在气瓶上吸烟
10	电焊机一、二次接线端无防护罩或电源线未包扎
11	焊接、切割作业未戴防护镜、焊工手套，电焊作业不穿绝缘鞋
12	移动车辆运行未了望或车停在坡上，不塞三角垫
13	乙炔瓶在使用、储存时未保持直立状态等
14	作业现场不走安全通道
15	在吊物下行走、站立，攀登运动中的物体（件）
16	坐在栏杆、轨道上休息
17	未按规定要求填写检修报告书（包括登高、动火、工作票等）
18	坐、乘吊物升降装置
19	未停机戴手套处理旋转设备
20	登高作业不使用梯子
21	检修作业挂单牌
22	进入危险区域工作未做到二人同行，即一人作业一人监护
23	在禁火区吸烟或向禁火区抛烟头
24	用手代替工具进行作业
25	戴手套指挥吊物或多人指挥，不用标准手势、哨音指挥

续表

序号	不安全行为
26	拆除作业无统一指挥。施工现场不在构筑物周围设安全警戒线,拆除护栏、楼板、楼梯等有用设施时,在拆除前不进行安全交底
27	临时性作业不进行安全交底,不制定安全措施
28	使用吊(夹、索)具无最大起重量标牌
29	煤气警报器擅自关机,有问题不汇报,作业时不使用。不做CO含量分析,不设监护人或无检测器便进入煤气设备内作业
30	用有油渍的手套、棉纱和工具接触氧气瓶、瓶阀、减压器及管路等,或戴有油渍的手套从事切割作业。使用氧气瓶、乙炔气瓶时,气瓶安全附件没有或不齐或安全距离不符合要求
31	起重作业上升限位、抱闸、警铃失灵进行起吊作业
32	起重作业不按规定试验及调整抱闸就进行作业
33	起重作业时,当吊臂或吊物下有人员就进行吊运起吊,吊物不打铃就开动吊车
34	起重作业时,当吊物在人员或重要设备上方通过不打铃,把吊物悬在高空人就离开现场
35	电气作业类低压电气作业工作票填写不规范
36	电线线路接头裸露、不包扎,使用一闸多机的设备
37	使用胶盖缺损的刀闸接线、越闸不过保护
38	处理故障、现场抢修不挂牌、不联系、不确认
39	开动被查封或报废的设备
40	任意拆除设备上的安全装置和警示标志等
41	擅自乱动阀门开关,使用电源和动力介质不按规定的接点接取
42	外委检修的单位无安全资格证、无施工合同、无单项安全措施
43	单位内部常规检修无检修作业标准,非常规检修无单项安全措施
44	开动非本岗位设备,授意他人操作本岗位设备
45	其他违反安全规章制度、操作规程的行为
46	施工前不进行安全交底,施工者不清楚作业内容和单项安全措施
47	交叉施工(作业)不与相关单位和人员联系
48	启动性能不明的设备,无可靠的安全防护装置就开车作业
49	带负荷拉闸、合闸,启动关联性设备不联系、不警示、不确认
50	行车启动或吊物前未响铃
51	使用有安全隐患的各类设备和工具,如未可靠接地(零)的电动工具、电焊机、破损的绝缘手套、雨鞋、工具等
52	施工现场坑、洞、沟无警示标志
53	使用氧气瓶冲轮胎
54	劳保不全进现场 帽:进入现场不戴安全帽,不系好帽带 服:接触液态金属岗位穿化纤工作服 鞋、手套:进入现场不穿工作鞋,电工作业不穿绝缘鞋、不戴绝缘手套 眼镜:打击硬质物品(淬火件、合金钢等)不戴防护眼镜 焊工作业、切割作业、操作砂轮机、磨样等不戴防护镜(看火镜)

续表

序号	不安全行为
55	用压缩空气吹铁屑等颗粒物
56	擅自摘取他人操作牌送电、开机
57	没有按规定办理手续就启动已停机挂牌的设备
58	在机器运转时加油、修理、检查、调整、清扫等
59	检修现场随意开动不明的电源、动力源、闸阀
60	戴手套开机床或打重锤
61	在作业过程中，有颗粒物飞溅时不戴防护眼镜、手套
62	在火车轨道上作业未开启红灯
63	在规定必须使用低压照明处，使用非低压照明
64	攀爬移动中的车皮或车皮上有人上下，开动卷扬机
65	使用未倒角或翻边的錾子
66	进入重点要害岗位不登记，非重点要害岗位人员进入重点、要害岗位并逗留
67	跨越运转设备或在设备运转时传送物件、接触运转部位
68	安排外行监护内行作业（如钳工监护电工等）
69	无故不参加班组安全活动
70	安全活动或安全例会迟到、早退
71	不进行转换岗、返岗、三级教育、登记
72	无故不参加安全考试
73	骑自行车、摩托车进入厂房、作业现场，高空作业穿硬底鞋，高空抛扔工具、器件，搭设临时架板，攀登使用直爬梯不捆绑，无专人监护
74	物体堆放超高、不稳妥、占用安全通道
75	开动无限位、无制动的起重机械设备
76	有落物危险的高空作业地面不设警戒线，无监护人的施工抢修，有坠落、落物砸伤不设警戒线
77	使用人字梯无限开互拉装置
78	用铜（铁、铝）丝代替保险丝
79	起重作业在不确认自己站位是否安全的状况下就指挥吊运，不确认吊具、吊链完好状况就指挥吊运
80	擅自进入煤气危险区域，进行煤气动火作业，不办动火手续，不设消防器材，无监护人
81	电焊机使用中发生故障，不停电就检查处理
82	起重作业不确认吊物放置环境状况就指挥吊运，占用、堵塞安全通道
83	特种作业无证上岗，对特种设备（压力容器等）不按规定时间巡回检查
84	在铁路界限内行走，抢过道口、横过铁路，擅自进入要害岗位
85	在检修作业现场追逐打闹
86	在禁烟(火)区域或现场吸烟

续表

序号	不安全行为
87	管理者本人或指派人员有意进行违章作业
88	管理者本人或指定非工种人员操作机器、设备、车辆
89	管理者本人或指派非工种人员进行特种作业
90	使用的电气设备缺少接地或接零装置
91	管理者本人或指派人员随意拆除安全设施、信号、联锁装置及警示标志
92	管理者本人或指定人员不按规定在现场对危险作业进行监护
93	管理者本人在现场对违章行为不制止,对群体性违章问题不采取措施
94	与移动、旋转设备接触或身体、肢体处于设备运行空间内
95	容器内作业不使用通风设施
96	电气作业未做到一人作业一人监护
97	设备有故障或安全防护装置缺乏,继续使用
98	机动车辆客货混载
99	发现隐患不及时处理也不上报,冒险作业

常见的安全隐患如表7-2所示。

表7-2 常见的安全隐患

序号	安全隐患
1	在必须使用安全电压的地方使用常压电
2	机械设备运转部位(轮、轴、齿轮等)没有防护罩
3	手动砂轮机没有防护罩
4	栏杆高度不足1.05米或强度不够
5	梯子角度过陡,大于75度
6	起重设备限位失灵(主钩、副钩、防护门等)
7	使用的钢丝绳磨损超过标准
8	平台、沟、坑、洞等缺少栏杆或盖板
9	转动的轴头缺少轴套
10	安全防护器具处于非正常状态或检查不够
11	绝缘工具破损
12	灭火器缺少铅封
13	自动灭火报警系统不能正常动作
14	抽排烟、除尘装置不能正常发挥作用
15	地面不平整,有突出地面的物体
16	轨道尽头缺少阻车装置,未安装防止"跑车"的挡车器或挡车栏
17	电气装置(电机、开关、变压器等)缺少接地或接零

续表

序号	安全隐患
18	在危房内作业
19	缺少防护罩或未在适当位置
20	防护罩根基不牢
21	电气装置带电部分裸露
22	作业安全距离不够
23	工件有锋利毛刺、毛边
24	设施上有锋利倒棱
25	工具、制品、材料堆放不安全
26	煤气水封缺水
27	输送易燃、可燃性气体或液体的管道没有接地、两节管间没有搭接
28	地面有油或其他液体
29	地面有冰雪覆盖
30	地面有其他易滑物
31	电线、电缆外皮破损
32	高温物品距离操作人员过近
33	旋转或转动的设备没有画警戒线
34	作业场所摆放混乱，容易造成摔倒
35	作业场所有毒、有害物质超标
36	操作台或操作开关没有明显标识
37	脚手架等铺设的跳板没有固定，处于活动状态
38	防护、保险、信号等装置缺乏或有缺陷
39	无防护罩
40	无安全保险装置
41	无报警装置
42	无安全标志
43	无护栏或护栏损坏
44	绝缘不良
45	局扇无消音系统、噪声大
46	防护不当
47	防护装置调整不当
48	坑道掘进、隧道开凿支撑不当
49	防爆装置不当
50	设备、设施、工具、附件有缺陷
51	设计不当，结构不合安全要求

续表

序号	安全隐患
52	通道门、墙等遮挡视线
53	制动装置有缺欠
54	安全间距不够
55	拦车网有缺欠
56	安全设施强度不够
57	机械强度不够
58	绝缘强度不够
59	起吊重物的绳索不合安全要求
60	设备在非正常状态下运行
61	设备带"病"运转
62	超负荷运转
63	维修、调整不良
64	设备失修
65	地面不平
66	保养不当、设备失灵
67	安全鞋等缺少或有缺陷
68	照明光线不良
69	照度不足
70	作业场地烟、雾、尘弥漫,视物不清
71	光线过强
72	煤气浓度超标
73	作业场所狭窄
74	作业场地杂乱
75	交通线路配置不安全
76	操作工序设计或配置不安全
77	贮存方法不安全
78	环境温度、湿度不当
79	消防通道宽度不够
80	灭火器失效

2. 建立健全安全生产管理制度

根据前期的现场危险源识别,采取措施,制定相关作业规范,是有效确保安全的途径。安全生产管理制度是保障人身安全与健康以及财产安全的基础规定,全员必须严格遵守。主要制度性内容如下。

① 安全生产检查制度。
② 安全生产事故隐患排查制度。
③ 安全事故隐患整改制度。
④ 安全培训教育制度。
⑤ 生产场所及设备安全措施。
⑥ 安全生产值班制度。

3. 应急预案

为处理突发事件，企业应制订应急预案处理程序。应急预案处理程序包括成立应急预案小组、应急预案的制订、应急预案启动、应急预案的终止及应急预案的演练。

4. 规定员工安全着装要求

安全着装要求包括穿正确的防护服，正确地穿防护服。

5. 使用安全警示标志

安全警示标志的含义如下。
① 安全警示标志包括安全色和安全标志。
② 安全色是指传递安全信息含义的颜色，包括红色、蓝色、黄色和绿色。
③ 对比色是使安全色更加醒目的反衬色，包括黑色、白色两种颜色。
④ 安全警示标志分为禁止标志、警告标志、指令标志和提示标志四类。
安全警示标志的设置场所如下。
① 线路施工时在土方开挖的洞口四周设置警戒线，设置警示标志牌，晚间挂警示灯，施工点在道路上时，应根据交通法规在距离施工点一定距离的地方设置警示标志或派人进行交通疏导。
② 场地施工时，在施工现场入口处、脚手架、出入通道口、楼梯口、孔洞口、桥梁口、隧道口、基坑边沿设置安全警示标志。
③ 在高压线路、高压电线杆、高压设备、雷击高危区、爆破物及有害危险气体和液体存放处等危险部位，设置明显的安全警示标志。
④ 其他设置安全警示标志的场所。
安全警示标志的设置要求如下。
① 安全警示标志应设在与安全有关的醒目位置。标志的正面或其邻近处不得有妨碍公共视线的障碍物。道路上施工设置安全警示标志时必须考虑道路拐弯和晚间的光线等因素。
② 除必须外，安全警示标志一般不应设置在门、窗、架等可移动的物体上，也不应设置在经常被其他物体遮挡的地方。

③ 设置安全警示标志时，应避免出现内容相互矛盾、重复的现象，尽量用最少的标志把必需的信息表达清楚。

④ 方向辅助标志应设置在公众选择方向的通道处，并接通向目标的最短路线处设置。

⑤ 设置的安全警示标志，应使大多数观察者的观察角度接近90度。

⑥ 安全警示标志的尺寸应符合相关标准的要求。

⑦ 室内及其出入口的安全警示标志设置应符合相关标准的要求。

主要安全标志图示如表7-3所示。

表7-3　主要安全标志图示

类型	内容	图片
禁止标志	禁止烟火	
	禁止带火种	
	禁止穿带钉鞋	
	禁止驶入	
	禁止打手机	
	禁止穿化纤服装	
	禁止通行	
	禁止吸烟	

续表

类型	内容	图片
禁止标志	禁止乘人	禁止乘人
警告标志	当心落物	当心落物
	当心中毒	当心中毒
	当心腐蚀	当心腐蚀
	当心机械伤人	当心机械伤人
	当心滑跌	当心滑跌
	当心火灾	当心火灾
	当心触电	当心触电
	当心爆炸	当心爆炸
	当心吊物	当心吊物

续表

类型	内容	图片
警告标志	当心泄漏（管道）	当心泄漏
警告标志	当心泄露（储罐）	当心泄露
警告标志	当心碰头	当心碰头
指令标志	必须戴安全帽	必须戴安全帽
指令标志	必须戴防毒面具	必须戴防毒面具
指令标志	必须穿工作服	必须穿工作服
指令标志	必须戴防护帽	必须戴防护帽
指令标志	必须戴防尘口罩	必须戴防尘口罩
指令标志	必须戴防护手套	必须戴防护手套
指令标志	必须戴防护眼镜	必须戴防护眼镜

续表

类型	内容	图片
指令标志	必须戴护耳器	必须戴护耳器
提示标志	注意安全	注意安全
	注意通风	注意通风 Caution ventilation
	注意防尘	注意防尘
	噪声有害	噪声有害

6. 安全培训

（1）基本培训

安全培训分为特种培训和常规性教育两种。其中，特种培训主要指新进人员入厂安全培训，常规性教育包括部门教育与岗位教育。

① 新进人员入厂安全培训。

② 部门教育。

③ 岗位教育。

（2）危险预知训练培训

危险预知训练（KYT），全称危险预知活动，是针对生产的特点和作业工艺的全过程，以其危险性为对象，以作业班组为基本组织形式而开展的一项安全教育和训练活动，它是一种群众性的"自我管理"活动，目的是控制作业过程中的危险，预测和预防可能发生的事故。KYT起源于日本住友金属工业公司的工厂，后经三菱重工业公司和长崎赞造船厂发起的"全员参加的安全运动"，于1973年经日本中央劳动灾害防止协会推广，形成技术方法，在尼桑（NISSAN）等众多日本企业获得广泛运用，被誉为"零灾害"的支柱。

危险预知训练的概念有两个要点：一是形式；二是内容。从形式角度看，KYT不是一种培训，而是一种小组讨论。小组讨论的内容是什么呢？是危险性作业，而不是危险状态。危险性作业不等于不安全行为，不安全行为是违规行为，而对于危险性作业，即使不违规，也存在一定的危险性。KYT分析就是通过小组讨论，确认某个作业过程中所有潜在的危险因素，并针对危险因素制定具体对策，设定小组作业行动目标，避免事故的发生。

危险预知训练共分为三个阶段：第一阶段，危险预知训练前准备；第二阶段，危险预知训练四步法；第三阶段，KYT表的应用。

第一阶段，危险预知训练前准备。为了生动活泼地开展危险预知训练活动，讨论分析开始前，应对有危险的作业现象及可能引起的危险进行拍照，以制作成危险预知训练图片。KYT活动时以班组为单位，一般每组5~6人。小组成员包括主持人、记录员、普通成员等。时间为半小时到两个小时不等。

第二阶段，危险预知训练四步法。危险预知训练共有四个步骤，即分析潜在危险因素、确定主要危险因素、收集候选对策、确定行动措施。

危险预知训练四步法如表7-4所示。

表7-4 危险预知训练四步法

序号	步骤	内容
第一步	分析潜在危险因素	针对议题（危险性作业），小组成员轮流分析、找出潜在的危险因素，并想象、预测可能出现的后果
第二步	确定主要危险因素	① 在所发现的所有潜在危险因素中找出主要危险因素； ② 从主要危险因素中找出1~3项重大危险因素
第三步	收集候选对策	① 针对主要危险因素，每人提出具体、可实施的候选对策； ② 提出的候选对策必须在实践上切实可行，并且不为法规所禁止； ③ 提出的候选对策应尽可能多，要充分发挥创意和发散性思维
第四步	确定实施对策	① 充分讨论，从候选对策中选出最可行、最值得实施的对策； ② 最终选出来的对策要全体通过才可以实施，因为这些对策要贯彻和落实到每个人

第三阶段，KYT表的应用。将讨论的KYT表和表中的安全作业要点进行应用时，有以下三种形式。

① 安全作业训练。以班前会、班中会和周安全活动的形式进行。例如，在作业前进行有针对性的宣讲、确认，结合当班的作业项目和分工安排，学习或复习KYT分析表，对在具体的作业过程中可能存在的其他危险因素与防范措施进行补充。通过班组讨论、个人思考，达到理解以至会用。

② 分析能力训练。在具体作业过程中应用KYT分析表，掌握四步分析法，即学习问题、发现问题、分析问题、解决问题的方法，从而为日后进行其他危险性作业的KYT分析打下基础。

③ KYT表的完善。在实施岗位KYT分析表的过程中，若发现或发生了表中未涉及的危险或防范措施，就应当结合问题，及时补充完善KYT分析表。

企业可以把KYT分析活动当成现场班组安全活动的一个重要形式进行推广，规定每个车间每个月讨论一个课题，讨论完之后，将讨论结果整理成KYT表，进行讲解、训练和应用。以推行KYT活动为契机，将班组安全活动推向一个新高度。

7. 安全检查

安全检查是一项细致、认真、专业、严肃的工作，要对现场中的物、机、人、环、法进行观察及分析，是建立良好的安全生产环境、做好安全生产工作的重要手段之一，也是企业防止事故、减少职业病的有效方法。

（1）确定安全检查种类

安全检查分为以下几种。

① 日常性安全检查。即经常的、普遍的检查。企业一般每年进行2～4次安全检查；车间、科室每月至少进行一次安全检查；班组每周、每班次都应进行安全检查。专职安技人员的日常性安全检查应该有计划，针对重点部位周期性地进行。

② 专业性安全检查。这是针对特种作业、特种设备、特种场所进行的检查。特种作业的检查应由专业的技术人员进行，必须全方位地进行观察和测试，如升降机、电器焊机、压力容器，要对相关设备的运行情况、作业情况、维修及调试情况进行了解，对安全防护措施及个人防护用品的使用情况等进行连续检查，以确保其防护功能。

③ 季节性检查。根据季节变化对安全的影响，应组织安全技术部门进行检查，如秋季以防火为主要内容的检查，夏季以防暑降温为主要内容的检查，冬季以防寒、保暖为主要内容的检查，春季以预防流行性病毒感染为主要内容的检查，雨季以防雷、防电、防洪为主要内容的检查等。

④ 节假日前后的安全检查。节假日前后，员工工作精力相对分散，应对人员流失及出行安全等现象进行检查。注意电、水、气的不安全因素。

⑤ 不定期的安全检查。对新设备、新人员、新环境、新工艺、新作业规范、节假日设备试运行等情况进行检查，以确保安全。

（2）制订安全检查表

安全检查表分类如表7-5所示。

安全检查表的制订过程如下。

① 对危险、有害因素进行调查分析，确定检查项目和内容。由本单位工程技术人员、生产管理人员、工人和安技人员共同总结生产操作的经验，分析工艺过程和设备特点，从中查明可能导致事故和职业危害的各种潜在危险因素和环节及条件。要特别重视总结工人的实际经验，因为它们可以作为科学分析的基础和补充，具有非常重要的作用。

表7-5　安全检查表分类

种类	适用范围	主要内容
设计用安全检查表	设计、工艺人员从事设计工作进行系统安全分析时使用	具体内容应依系统安全分析的对象而定，如用于新建工程设计的安全检查表，其主要内容应包括项目选址和总图设计，工艺流程的安全性，机械设备的安全性，物料储存与运输的安全性，安全设施与装置，消防设施与器材，防尘防毒措施和安全组织与管理等。这类安全检查表也可以作为本质安全审查的依据
厂级安全检查表	供全厂性安全检查时使用	包括各重点危险部位，主要安全装置与设施的灵敏性、可靠性，危险物品的贮存、使用及操作管理等
车间安全检查表	供车间进行定期安全检查或预防性检查时使用	包括工艺安全，产品原料及产成品的合理存放，通风照明，噪声振动，安全装置，消防设施，安全标志及操作安全等
班组及岗位安全检查表	日常检查和安全教育	根据岗位的工艺与设备的防灾控制要点确定，要求内容具体、易行，具有针对性
专业安全检查表	专业性的安全检查和分析	内容应突出专业特点，如对特种设备检验的安全检查表，其主要内容应包括设备结构的安全特性、设备安装的安全要求、安全运行的参数限额、安全附件报警装置的齐全可靠、安全操作的主要要求及特种作业人员的安全技术考核等

② 确定检查标准和要求。确定的依据就是国家的各项安全生产法规和标准，以及企业自身制定的安全生产规章制度、技术要求参数、安全操作规程，等等。

③ 确定检查时间。要根据检查范围和对象的具体情况确定检查间隔的时间，如月、日、班、时等。

④ 做出检查表。检查表的每项内容、标准、要求都应力求简洁明了，以便于识别判断和填写检查结果，如可以用"是否""有无"等提问式的语句，对设备的检查表可直接写明其工作参数的允许范围，等等。

制订安全检查表要在安技部门的指导下，充分依靠职工来进行。初步制订出来的检查表，要经过全体职工的讨论，反复试行，再加以修订，最后由安技部门审定后方可正式实行。

安全检查表示例如表7-6所示。

表7-6　安全检查表示例

类别	项目	要求
现场环境	温度、湿度	是否符合作业要求
	突出物	墙壁、地面等处不存在有安全隐患的突出物
	噪声、震动	是否对人身、作业或建筑物造成影响
	煤气等易燃、易爆及有毒气体	有无违章存放、使用及泄漏现象
	粉尘	是否对人体、生产等造成危害
	气味	是否对人体、环境造成危害

续表

类别	项目	要求
现场环境	安全范围、警戒区域	是否进行了合理规划，标识有无被占用
	采光、照明	是否符合作业要求，有无隐患
	地面	是否有湿滑、积水、凹凸不平等问题
设备与工装	机械、设备	设备上是否有残缺、破损等安全隐患，是否有松动或未固定的部件
	设备、工装表面	设备、工装、小车有无毛刺和尖锐棱角
	阀门、仪表	是否完好无破损
	配线、配管布局、走向	是否合理，有无泄漏、裂纹及安全隐患
	设备运转部位	安全措施、保护用的遮盖物等是否齐备
危险品与灾害	危险品的放置	化学药品等危险品的分类放置（性质相抵触的物品分开放置），是否按规定位置、规定高度放置
	危险品的保管方法	是否指定了保管人、制定了危险品的保管方法
	防火设备、预警设备	布局是否合理，数量是否充足，紧急时是否能够正常运作
	安全通道、出口等的管理	是否保持在可通行的状态
	火灾、流行病、地震、台风对策	是否设定了应急对策及措施
生产作业	个人劳动保护用品	是否充分、正确地佩戴或使用
	作业动作	是否按安全操作规范操作
	高温作业	是否有降温措施
	物品徒手搬运	是否按规定数量、规定动作进行搬运
维修作业	焊接作业	是否佩戴保护用具、器具
	人员高空作业	是否采取保护措施
	高速转动工具作业	是否采取防护措施等

（3）安全检查实施

安全检查是全员的大事，公司高层及员工应共同参与，认真做好检查记录并附图片。检查结束后应及时进行汇总分类，并发出安全整改通知到相关部门进行限期整改。

收到整改通知的单位对不符合项进行调查，制定有效的对策。安全对策分为两大类：一是技术性措施；二是安全操作规程类措施。

技术性措施是指进行设备的技术改造、加装安全装置、进行安全标识等。技术性措施一般需要资金的投入，企业应对安全措施设立专门的安全预算。技术性措施应遵循以下原则。

① 消除原则。通过合理规划、设计和管理，尽可能从根本上消除危险和有害因素，如采用自动化作业等。

② 预防原则。当消除危害源有困难时，可采取预防性技术措施，如使用安全阀等。这样即使发生安全事故，危害也无法传递，从而被消灭在萌芽状态。

③ 减弱原则。在无法消除及难以预防的情况下，可采取减少危害的措施，如降低噪声、减少热量等。

④ 隔离措施。在无法消除、预防、减弱的情况下，应将有害源隔开，如使用防护罩、安全罩等。

⑤ 联锁装置。当操作者失误或设备运行达到危险状态时，通过联锁装置，终止危险运动，使危险状态不扩大。

⑥ 警告原则。在易发生故障、事故或危险性较大处，配置醒目的识别标志，必要时可使用声光组合的报警装置。

有效开展安全精细化管理

1. 安全精细化管理的含义

安全精细化管理，就是采用系统安全分析手段和现代控制方法，以企业的生产系统整体为对象，对生产过程中存在的各种危险因素进行分析，做好系统控制，使危险因素始终控制在可以掌控的安全状态以内。

安全精细化管理的目标如下。

① 优化部门协调和作业流程，各个环节、每道工序有机衔接，每个子系统都符合大系统的内在要求，实现系统安全运转。

② 提高员工的安全理念和意识，规范其操作行为，使安全成为每个员工的习惯。

③ 最大限度地减少工作中存在的缺陷，消除人的不安全行为和物的不安全状态。

2. 安全精细化的内容

（1）安全制度精细化

安全制度精细化包括制度制定和实施的精细化两个方面。在制度制定过程中，首先要转变安全管理的观念，使企业中对安全管理存在错误认识的员工逐渐接受安全精细化的管理理念，努力做到事事精细化且有标准、事事精细化且有人管。此外，还要建立准确合理的激励机制。通过考核、奖励和处罚等手段，引导和推进安全精细化管理。

（2）员工作业行为精细化

企业生产都有标准的安全操作规程，对安全生产标准做到精细化，使得生产作业的各个细节都有明确的作业标准可依，细节上最大限度地降低生产作业潜在的风险，便于安全检查人员的工作。

（3）安全质量标准化

安全质量标准化是企业安全生产的基础，精细化的安全标准为安全检查、监督提供可靠、明确的依据。安全检查、监督要求精细到每一项工作、每一个岗位，做到有章可循、有量可计、有质可考。

（4）安全信息精细化

首先，要分类及采集精细化。由于安全生产的影响因素众多，信息分类的精细化可以大大提高信息采集的效率，使得信息处理更加及时和准确。其次，要做到安全信息处理精细化。精细化的安全信息处理为安全预防措施的制定奠定了基础，工作人员可以方便地查询安全隐患的情况，并能够及时、准确地做出相应的处理措施。最后，要做到安全信息反馈精细化。安全信息反馈精细化，可使反馈的安全信息更加详细，使安全管理条例等的制定有据可依。

3. 安全精细化管理过程中应注意的问题

（1）用实际效益说话

精细化管理必须用数字说话，但如果沉溺于数字、局限于数字，就常常会被数字假象所迷惑，导致决策上的失误。企业做一个决策的过程往往并不是足够透明的，必然要建立在若干假设之上，对数字的假设自然也包括其中，但如果企业决策过程中数字太多，数字的真实性和有效性就会成为非常严重的问题，会出现一些相互矛盾的数字，出现大量的冗余数字，如何取舍和平衡，就成了一门艺术，同时也成了一门科学。所以，企业在推行安全精细化管理过程中，不能单纯追求数字，还要讲究实效，紧扣目标。

（2）提高精细化管理的执行力

安全精细化管理要落到实处，需要人的有力执行。但很多时候，设计精良的精细化管理细则却难以得到很好的实施，问题的关键就在于其操作性设计不尽合理，没有充分考虑执行人的能力。往往是推行者不愿意推进，怕麻烦，怕得罪人，造成执行人能力不足，无法保障，最后导致精细化管理只能停留在书面上、口头上。

（3）转变传统的思维模式

推行安全精细化管理必须与企业文化建设相结合。目前，我国许多企业还缺乏推行安全精细化管理的基础，管理手段非常传统，在这样的企业文化背景下推行安全精细化管理工程，必然会遇到很大阻力。一方面，企业缺乏推行精细化的管理者；另一方面，企业缺乏接受实现精细化管理的员工。因此，精细化管理很难落到实处。如果企业不顾实际情况，强行推行精细化管理工程，必然会引发一系列新的矛盾，最终偏离最初的设计目标，事倍功半。所以，企业在推行安全精细化管理过程中，一定要和企业文化建设结合起来，增强员工的凝聚力，形成上下一心、事事要求精细的思维模式。

（4）建立长效机制

安全精细化管理是关系到发展目标能否实现的大事，所以在推行过程中绝不能一阵风、搞运动，要有目标、有组织、有步骤、踏踏实实、一步一个脚印地向前推进。要建立长效机制，把推行安全精细化管理工程与企业的各阶段工程任务和目标以及发展战略结合起来，和企业文化建设结合起来，才能起到实效。要落实好岗位责任制，狠抓干部责任落实；完善监督机制，狠抓过程控制；完善考核机制，强化绩效考核；完善执行机制，强化奖惩兑现。

第八章
素养养成的关键点

第八章 素养养成的关键点

 明晰素养的内涵与内容

1. 素养的含义及作用

素养是指企业内的每个员工都能自觉依照规定和制度行事，养成良好的习惯，培养积极的精神。企业应向每一位员工经常地灌输遵守规章制度的工作意识，此外还要强调创造一个良好的工作场所的意义。素养的目的是培养具有良好素质的人才，铸造团队精神，创造一个良好的人文环境。

素养的作用如下。

① 教育培训，保证人员的基本素质要求。
② 塑造企业优良形象，形成和谐的工作环境，提高员工的工作热情和敬业精神。
③ 使员工遵守标准。
④ 形成温馨、明快、安全、舒适的工作氛围。
⑤ 塑造优秀人才并铸造战斗型的团队。
⑥ 是企业文化的起点和最终目的。
⑦ 为其他管理活动的顺利开展打下基础。

2. 素养的内容及要求

素养的内容包括工作态度、行为规范与道德规范三个方面。

（1）工作态度

工作态度是对工作所持有的评价与行为倾向，包括工作的认真度、责任度、努力程度等。由于这些因素较为抽象，因此通常只能通过主观性评价来进行考评。

工作态度作为工作的内在心理动力，影响人们对工作的知觉与判断、促进学习、提高工作的忍耐力等。一般来说，积极的工作态度对人们工作的知觉、判断、学习、工作的忍耐力等都能发挥积极的影响，因而能提高工作效率，取得良好的工作绩效。这表明，积极的工作态度与工作绩效之间有着一致性的关系。

企业要求员工应具有的工作态度，罗列为以下几点。

① 主动性——没有指示，也能主动做好工作。
② 积极性——即使困难的工作，也主动承担，积极去完成。
③ 执行力——快速反应，不折不扣，确保上级领导安排的工作被准确无误地执行。
④ 敬业精神——爱岗敬业，始终保持饱满的工作热情，主动承担上级领导交办的临时任务，主动解决工作中出现的问题，任劳任怨，勤勤恳恳；能摆正个人利益和公司利益的关系，在个人的休息时间，若公司有重大事件、活动、会议或有突发事件时，能主动牺牲个人利益，以企业大局为重。

⑤ 责任心——忠实履行责任，勇于承担责任，不推卸责任，诚实守信，廉洁奉公；工作踏实，一丝不苟，坚持原则，严格遵守公司的各项规章制度，堪为表率。

⑥ 纪律性——遵守公司的各项规章制度，不迟到，不早退，认同、支持和维护组织目标。

⑦ 约束力——随时随地以诚信开展业务，遵守社会道德规范；尊重他人；不让个人不良情绪和反应影响自身工作和他人，遵守法律法规和社会公德，注意个人形象。

（2）行为规范

行为规范分为基础规范、形象规范、岗位行为规范与礼仪规范四个方面。

① 基础规范。对企业员工来说，从三个方面——品质、技能、纪律概括基础规范。

② 形象规范。形象规范的内容包括着装、仪容和举止。

③ 岗位行为规范。岗位行为规范是企业员工根据所处岗位的要求不同而规定不同的行为规范，主要包括企业高管层、普通管理型员工以及一般员工。企业性质差异也决定企业对员工岗位行为规范的要求差异，但一般企业员工存在通用岗位行为规范要求，加上企业对不同岗位的特殊要求，就是企业岗位行为规范的要求。

④ 礼仪规范。与岗位行为规范一样，每个企业存在不一样的要求。但礼仪规范要求更多的是体现企业形象的一个角度和方面，尤其是对于与企业外部联系的岗位，根据企业特性，必须制定出企业详细的礼仪规范内容要求。

（3）道德规范

企业员工必须具有爱岗敬业、诚实守信、办事公道、服务企业、奉献社会的职业道德，同时结合企业要求，应该认同企业文化，践行公司核心经营管理理念，热爱本职，忠于职守，熟练掌握职业技能，自觉履行职业责任，注重工作效率，保护企业的合法利益等。任何企业都需要对本企业不同岗位的员工制定员工的道德及行为规范，规范、约束员工在企业的行为，维护企业与员工的共同利益。

二 把握素养的本质与要点

1. 素养的本质

素养是为了消除文化因素所产生的工作流程上的变动性，确保流程稳定运行。6S中对于素养的界定是，一个人养成按规定办事的好习惯。素养最终表现为工作中的每一个细节，它的形成也源于完善工作中的每一个细节，进而形成习惯。素养通过过程使员工养成按照规定来做事的良好的工作习惯，工作当中讲究礼节，与同事友好相处，真诚善意，轻松和谐，营造一个积极向上的人际氛围。通过组织大家来做整理、整顿、清扫，达到清洁的效果，慢慢地去改变员工，特别是让员工养成一个按照规定做事的好习惯。这有三个方面的内容。

① 工作场所与企业环境。员工必须按照企业规章制度、行为准则的要求从事生产运营活动，企业必须有健全的规章制度系统以及行为规范系统，建立工作场所的规则，规范、约束员工的行为。

② 员工所处的团队。员工所处的团队需要有让员工养成遵守企业规章制度、行为规范，并成为习惯的氛围。

③ 员工行为与表现。员工的行为、习惯是按照所在企业的规章制度、行为规范的要求而形成。

由此认为，素养的本质在于，按照所在企业的规章制度、行为规范的要求养成员工的行为习惯，养成自主工作的习惯。这也是6S管理推行的目的：满足企业健康运行所要求的员工素质提升。

6S管理的本质是引入先进的企业文化，靠机制强化员工的责任心，是一种良好习惯养成的活动；是通过改善环境以及改善环境的过程来影响员工、改变员工，提高员工执行能力的活动。企业员工个人素养与企业文化紧密相连，素养的形成经历这样的变化：先由许多行为形成一种习惯，然后是许多习惯形成一种文化，最后才由许多文化形成一种传统。只有经历这样的过程，素养才能成为企业与生俱来的一种形象，在企业员工的每一个工作细节中展示企业的形象和社会责任。6S管理始于素养，也终于素养。素养是每一个行为的纲领，是每一次行动的目标。

2. 素养的推行要点

6S管理素养的推行基础在于，让员工学习企业的规章制度，并能理解规章制度，努力遵守规章制度；企业高层管理人员必须身体力行，企业一般员工必须努力自律；企业具有互相信任、管理公开化与透明化的氛围，勇于自我检讨与反省。

推行6S管理素养的要点如下。
① 制定相关的规章制度。
② 制定共同遵守的有关规则、规定。
③ 制定礼仪与行为规范守则。
④ 规则、文化等的教育培训。
⑤ 推动各种精神提升活动（早会、班后会、文化活动等）。
⑥ 持续推动6S直至习惯化。

素养推行的关键在于长期坚持，持之以恒。

有效执行素养推行步骤

1. 建立共同遵守的制度

规章制度是员工行为的准则，是让人们达成共识，形成企业文化的基础。制定相应的语言、电话、行为等员工守则，帮助员工达到素养的要求。

① 规章制度要合情。制度贵在精，不在多。对于每一家企业而言，都会有一大堆的规章制度，但是能真正发挥作用的制度有多少不得而知，已经失效的制度有多少不得而知，不能很好执行的制度有多少也不得而知。特别是在一些工艺流程较为复杂的企业，如电力企业、航空企业等，流程的烦琐和制度的复杂程度很高，这其中，无效和无用的制度不在少数，但是公司每年的制度数量还在不断增加。

② 规章制度要合理。制度的合理性来自内外部两个方面。从外部来讲，一个制度的设计要考虑公司、社会、客户等多方面的利益诉求，要尽量做到平衡。从内部来讲，制度的设计要考虑到公司内部各个部门和层级之间的平衡，不能顾此失彼，从而引发部门与部门之间的矛盾或者公司层级之间的隔阂。例如，在很多企业，一线技术人员和后勤支持人员之间的矛盾很深，特别在薪酬和职业发展通道方面，一线技术人员往往认为公司的制度不合理，他们付出太多得到太少，而后勤支持人员却认为他们和一线技术人员在薪酬等方面的差距太大，很不公平。

③ 规章制度要合法。首先是要符合国家的法律法规，这是最基本的要求。特别是一些财务规定和人力资源方面的一些管理，不能单纯从公司利益出发，不考虑社会、法律的要求和员工的利益，否则最终吃亏的还是公司。尤其是在目前的形势下，社会对企业的要求越来越高，因此公司的制度制定不仅要满足自身发展的要求，同时也要满足社会对企业的要求。其次是要符合公司的基本法律，就是公司章程。公司任何制度的制定都要以公司章程为要求，以公司股东利益为最高要求，而绝不能仅仅以部门甚至个人利益为出发点。最后是规章制度的制定要与公司其他的规章制度相融洽，不能出现制度之间的相互矛盾和对立，否则不利于执行。

特别需要注意的是，在制定各种制度的时候，一定要召开会议审议，使制定的制度代表大多数人的意见，要让全员理解，而不是张贴在公告栏里就了事。管理制度的定位不能仅仅源于管理者的主观期望，它必须得到管理制度约束的对象——广大员工的认同，与员工的利益和期望相适应，这根源于管理制度的设计预期和执行成本必须紧紧依赖员工的认同这一理念。因此，只有消除员工中存在的制定制度是对员工"威胁"的情绪，才能最大限度地实现制度设计的目的。要达此目的主要从以下几个方面入手。

① 管理制度体现并倡导的工作标准和管理模式，不能造成人际关系紧张。组织中人与人之间的相互关系（上下级之间、部门之间、直线人员和参谋人员之间）是否存在信任和合作是能否调动员工积极性的主要条件，组织内部人与人之间利益的竞争会使员工感到是对自己的最大威胁。

② 制度避免单纯强调惩罚。例如，有的企业规定完不成生产定额，就会有某种形式的处罚；如果在考核评价中处于落后状态，就会影响到未来的晋升与工资水平；等等。惩罚是需要的，但只强调惩罚，企业肯定是管理不好的。

③ 管理制度对员工的自我实现、成长路线、个人安全或情绪产生不利的影响时，员工就会感到威胁的存在。这些现象产生的制度原因，主要是企业传统的管理控制体

系设计存在多种标准，如成本控制标准、预算标准、工作绩效标准等，这些标准会形成对员工的多重压力。在管理者看来，如果建立了压力结构，员工仍有不服从的现象，那就只有增加压力。此外，传统控制体系的责任制度往往只包含对员工没有达到标准的一套惩罚办法，而缺乏对达到或超过标准的激励办法。在这种情况下，员工就会更加对抗规章制度，使之失效。这又会导致管理者采取反应式的管理措施，设法制定出更严格的规章制度，结果势必耗费巨大的管理成本。另外，员工对制度的抵抗情绪也会阻碍正常的企业文化的形成。

2. 建立系统科学的奖惩体系

从心理学的角度讲，奖惩制度是通过一系列正激励和负激励的作用，引导和规范员工的行为朝着符合企业需求的方向发展。对希望出现的行为，公司通过奖励进行强化，也就是正激励；对不希望出现的行为，通过处罚措施进行约束，也就是负激励。二者相辅相成，才会有效促进企业目标的实现，从而有利于员工素养的形成。

工作态度考核表如表8-1所示。

3. 进行多样化的教育培训和活动

培训是制度和文化传承的有效工具。培训活动不应拘泥于形式，只要是员工可以接受的方式都可以尝试。以下列举几种企业常用的培训形式供参考。

（1）建立活跃且规范的早会制度

早会制度，被越来越多的企业所接受，其也成为公司对员工素养培训的一个重要方式。

（2）按期召开形式多样的班前会

员工班前会既是一种有利于加强企业管理、促进员工队伍素质提高、塑造企业良好形象、展示员工精神面貌的有效的现代管理形式，又是一种寓教于管理，加强思想政治工作的有效形式。班前会有着营造工作气氛、进行员工教育指导、传递公司信息、宣传公司文化等作用，便于有序、有效地安排工作，传达信息，保持上下级的良好沟通，更有利于员工增强集体观念，引导良好的工作习惯，培养良好的班组风气。班前会作为班组建设工作的活动载体，既是传达文件精神、布置工作任务、增强班组成员交流和沟通、进行安全和质量提醒的有效平台，又是提高员工工作士气、培养团队精神、改善员工精神风貌的重要形式，对促进公司各方面工作具有重要作用。

（3）开展积极向上的文化活动

企业文化是企业在长期生产经营活动中所形成的管理思想、管理方式、群体意识和行为规范。企业文化活动是企业文化的重要组成部分，是塑造企业文化的有力手段，

三 有效执行素养推行步骤

表8-1 工作态度考核表

序号	指标名称	考核标准				分值区间
		A（超出目标）5分	B（达到目标）3分	C（接近目标）1分	D（远离目标）0分	
1	主动性	即使没有指示，也能主动做好工作	在没有领导指示时，基本上能够主动做好工作，并取得一定的效果	基本上依靠领导的安排来开展工作	领导没有指示时，无法独立开展工作	0~10分
2	积极性	积极寻求解决问题方案，即使困难的工作，也主动承担，积极去完成，并且完成效果较好	一般的工作都能主动承担，对一些难度大的工作也能主动承担，积极完成，但效果一般	一般的工作能主动承担，不积极完成；难度大的工作不敢承担	有工作就互相推诿，不积极主动寻求问题的解决方案	0~10分
3	执行力	绝对服从领导安排；合理分解手头的工作，对上级领导安排的工作执行得非常到位	服从上级领导安排的工作，执行性比较好；适时监督、检查，执行情况良好	有时不服从上级领导的安排；有时对上级领导安排的工作执行不到位	很多时候不服从上级领导的安排；对上级领导安排的工作经常执行不到位	0~10分
4	敬业精神	爱岗敬业，工作热情高，主动承担上级领导交办的临时任务，主动解决工作中的问题，任劳任怨，勤勤恳恳，处处以企业大局为重，毫无怨恩，并将出色完成上级领导交给的各项工作	热爱本职工作，态度端正，做事踏实，基本上做到"今日事今日毕"，绝大多数的时候都能做到以企业大局为重，主动牺牲个人利益	虽然有一定的解决问题的能力，但工作热情不是很高，在个人利益和公司集体利益发生冲突的时候表现一般	积极性不高，对工作失误处理不卸责任，不善于灵活处理工作中的问题；个人主义较强，在休息时间对公司发生的突发事件等，总是找借口	0~10分
5	责任心	坚决履行自己的职责，敢于承担责任，从不推卸责任，诚实守信，廉洁奉公，出现问题时能明确、合理地落实相关责任人；工作比较认真，严于律己，坚持原则，能起到模范带头作用	履行职责，大多数情况下都敢于承担责任，并合理承担相关责任人；工作比较认真，大多数情况下，能起到模范带头作用	基本上能够履行职责，有时出现问题害怕承担责任，工作态度一般、自觉性一般，模范表现一般	工作职责落实不到位，不敢承担工作责任，互相推诿；工作态度不端正，经常违反公司的管理制度，模范表率性差	0~10分
6	纪律性	从未违反公司的规章制度，不迟到、不早退	较为遵守公司的规章制度，偶有识到或早退，每月不超过1次	不大遵守公司的规章制度，经常迟到或早退，每月不超过3次	极不遵守公司的规章制度，长期识到或早退，每月超过5次	0~10分
7	约束力	随时随地以诚信开展业务，遵守法律法规，社会公德和社会道德规范，尊重他人，随时保持良好职业形象	较为遵守法律法规，社会公德和社会道德规范，较为尊重他人，基本能保持良好的职业形象	偶尔有不遵守社会公德和社会道德规范的情形，个人不良情绪偶尔会影响到自身工作或同事，较不注意个人形象	有严重不遵守社会公德和社会道德规范的情形，个人感情色彩较重，公私不分，职业形象很差	0~10分

125

第八章 素养养成的关键点

是引导、促进、激励企业文化不断发展与完善的重要工具。企业文化活动对于一个企业有重要意义,对于员工素养的培养有重大作用。

 某企业6S管理的考核检查内容

① 原料、成品、半成品、余料、垃圾等现场摆放物品是否区分用与不用,是否定时清理。
② 物料架、模具架、工具架等的正确使用与清理。
③ 桌面和抽屉定时清理。
④ 材料、废料、余料等放置清楚。
⑤ 模具、计测器、工装夹具等正确使用,摆放整齐。
⑥ 机器上不摆放不必要的物品、工具。
⑦ 非立即需要快过期的资料或物品入柜管理或废弃。
⑧ 茶杯、私人用品及衣物等定置摆放。
⑨ 保养卡、资料、点检表定期记录,定位放置。
⑩ 手推车、置料车、小拖车、架模车等定位放置。
⑪ 塑料篮、纸箱、铁箱等搬运桶的正确摆放与定位。
⑫ 切削油、润滑油、清洁剂等用品的定位、标识。
⑬ 对工作场所予以划分,并加注场所名称。
⑭ 消耗品(如手套、抹布、扫把等)定位摆放,定量管理。
⑮ 加工中材料、待检材料、半成品、产品等堆放整齐。
⑯ 通道、走道保持畅通,通道内不得摆放任何物品(如电线、手推车等)。
⑰ 所有生产用夹具、工具、零部件等定位摆放。
⑱ 划定位置摆放不合格品、破损品及使用率低的物品。
⑲ 沾有油的抹布等易燃品,定位摆放,尽可能隔离。
⑳ 目前或短期内不用的物品,收拾定位。
㉑ 个人离开工作岗位时,物品整齐放置。
㉒ 动力供给系统要加设防护物和警告牌。
㉓ 下班前打扫、收拾。
㉔ 扫除垃圾、纸屑、烟蒂、破布、塑胶袋。
㉕ 擦拭机器设备、工作台、门、窗。
㉖ 废料、余料、呆料等随时清理。
㉗ 清除地面、作业区的油污。
㉘ 清扫干净垃圾箱、筒内外。
㉙ 打扫蜘蛛网。

㉚ 随时保持工作环境整洁、干净。
㉛ 长期不用的物品、材料、设备等加盖防尘布。
㉜ 地面、门窗、墙壁清洁。
㉝ 修补地面画线剥落或墙壁油漆剥落。
㉞ 遵守作息时间，不迟到、不早退、不无故旷工等。
㉟ 工作态度是否良好，如有无聊天、说笑、离开工作岗位、看小说、打瞌睡、吃东西等。
㊱ 服装穿戴整齐，不穿拖鞋。
㊲ 管理者能确实督导下属，下属能自发工作。
㊳ 使用公用物品时，能确实归位，并保持清洁。
㊴ 下班前确实打扫和整理。
㊵ 不违背厂规、厂纪，按照工厂的规定做事。

案例2　某企业6S管理考核评比办法

（1）考核程序

① 每周一上午评分委员根据标准填写"6S评分表"，于下午5：00前把有关资料（文件夹、评分标准、评分表、袖章、笔、轮值表）交6S管理推行办公室。
② 6S管理推行办公室统计后，于次日上午9：30前公布成绩。
③ 6S管理推行办公室于每周五上午召开周会，公布检查结果及改善检讨。
④ 每月第一周进行上月竞赛结果的公布及颁奖。

（2）评分标准

① 办公室评分表。
② 生产区评分表。
说明：同一项目多次违反只扣一次（初期暂定）。

（3）评分方法

在6S管理中，评分要准备以下道具。
① 评分用档案夹。
② 评分扣分标准（贴于档案夹封面内页）。
③ 现场评分记录（夹于档案夹内）。
④ 评审员臂章及制定评审人员作业标准（如参考路线、时间、档案夹的传递，评分表上交时间、缺勤安排方法、评分表填写方法）。

⑤ 3人1组，少数服从多数的原则，决定是否判定为缺点。

在考核中，采用见缺点再查项目代号与应扣分数，故评分表上不列项目，即先把缺点的内容记于"现场评分记录表"中，再对照评分标准填写"6S评分表"。

（4）分数计算方法

① 实得分数＝"6S评分表"所得分数 × 加权系数。

② 加权系数。

各组加权系数如表1所示。

表1　各组加权系数

组别	组名	K1	K2	K3	K4	K5
一						
二						
三						

（5）6S管理评分委员轮值表

6S管理评分委员轮值表如表2所示。

表2　6S管理评分委员轮值表

检查区域	评分委员	时　间
一	A	第一周
二	B	
三	C	
一	D	第二周
二	E	
三	F	
…		

（6）奖励方案

① 前3名各发一面锦旗及奖金。

奖金发放数额表如表3所示。

表3　奖金发放数额表

人数范围	第一名	第二名	第三名

② 最后一名发给锦旗——"警示旗",以示鞭策。
③ 其他说明。
- 锦旗为流动锦旗,于当月月底收回所颁发的锦旗。
- 必须将所颁发的锦旗悬挂于指定的位置。
- 颁发荣誉奖的条件为连续3个月获得第一名。
- 若成绩均未达到80分时,第一、二、三名不颁发奖金。
④ 所颁发的奖金必须用作部门建设基金或用于集体活动,不得平分。
⑤ 将6S管理的成绩列为工作绩效考核项目的一项内容。

(7) 申诉制度

① 对6S管理的评分若有任何认为和实际情况不符或不合理的情况,可填写"6S管理申诉表"交6S管理推行办公室。

② 申诉人填写"6S管理申诉表"前必须确定核对过最新的检查标准,并且与该评分委员协调过。

案例3 某企业6S管理奖罚规定

(1) 奖罚规定

① 6S管理的奖惩目的在于鼓励先进、鞭策后进,形成全面推进的良好气氛。

② 以月为单位进行考核评比,以旬为阶段进行评比检查。第一名发给红色锦旗和奖金,最后一名发给黑色锦旗并扣款,以示警示和鞭策。

③ 第一名奖金和最后一名扣款标准如表4所示。

表4 奖罚标准表

班组人数	第一名		最后一名	
	直接责任人/元	领导责任人/元	直接责任人/元	领导责任人/元
10人及以下	100	60	-200	-120
11～20人	200	120	-300	-180
21～30人	300	180	-400	-240
30人以上	500	300	-500	-300

④ 锦旗与奖金颁发于次月第一周的6S管理检讨会上进行,由主任委员主持。
- 依奖励办法颁发锦旗和奖金,扣款于当月工资中扣除。
- 所颁发的锦旗必须悬挂于指定位置,锦旗于当月月底收回;连续三次获得第一名，永久保存"第一名"红色锦旗，奖金翻一番。

● 成绩均未达到80分时，不颁发第一名红色锦旗和奖金，成绩均超过80分，不颁发最后一名黑色锦旗，也不扣款。

（2）6S管理惩戒细则

① 所有检查人员（包括巡查人员）必须准时到指定区域进行检查，迟到、早退给予30元罚款，缺席给予50元罚款。没有按计划检查者视为缺席，没有及时履行职责者罚款20元/次。填写表单不完整、上交不及时者罚款20元/次。

② 不能按检查报告规定的时间完成整改者，给予责任人20元的罚款、领导责任人10元的罚款。

③ 同一地点同样的问题重复2次及2次以上者，给予直接责任人50元的罚款、领导责任人30元的罚款，限期不能整改且不合格者，加倍处罚。

（3）6S管理申诉制度

6S管理是团队的荣誉，若有任何认为不公正的情况，可填报"6S管理申诉表"，依流程向6S管理推行委员会仲裁小组申诉：核对最新的6S检查标准—与评分小组协调—交付仲裁小组—最终裁决。

四、大力推进改善提案完善

1. 改善提案的基本内容

6S改善提案制度作为促进全员参与的一种重要方式，对于提高员工参与6S管理活动的积极性，以及推动6S管理活动的日常改善发挥着重要作用。

（1）改善提案的定义

改善提案可以简称提案，又可以称为合理化建议，是发挥员工智慧、科研潜力、主人翁精神，以积极的心态，通过一定的途径，向一定组织或人员以书面形式提出，或间接或直接地提出建议，从而改善本职工作的一种方法，是6S管理活动中全员参与的一种形式。

改善提案就是解决工作中的问题，是针对现场、现物、现实的不足，提出解决方案的活动，目的在于提高管理实效。例如，使工作内容更简单、更安全；消除工作上的单调、障碍和损失；使工作更具有活力；减少因过度生产、运输和库存等而产生的浪费。在改善系统下，员工的提案是关于如何解决工作难题，如何开展效率化的工作方式，如何改善工作环境、工作条件等实质性内容。

6S改善提案申报表如表8-2所示。

表8-2 6S改善提案申报表

题目		改善类别：（请打"√"）						
		设备		品质		环境		节约	
		安全		生产		效率		其他	
单位		提案人		参与人数		所属班组		完成时间	
改善前	问题描述			图示或数据			改进对策（方案）		
改善后	有形效果			无形效果			图示		
评价	评价项目	创新性	精细程度	管理成效	努力程度	难易程度	总得分	级别	评价人	部门主管领导
	得分									

（2）改善提案的特点

① 需要一套制度化的奖励措施。在6S提案改善活动中，企业要建立一套有效的和可操作的奖励制度和提案审查标准。提案审查标准是用来评定员工提案有效性和效果的。奖励制度就是通过制度化的奖励措施对员工的提案进行精神和物质的奖励，激发员工特别是一线员工参与提案活动的积极性。

② 鼓励提案改善的自主实施。企业应鼓励员工自主实施自己提出的提案改善。通过自主实施既可以培养员工自主发现问题、解决问题的良好习惯，同时也是提高员工工作能力和技术水平的有效途径。有的提案改善往往是被逼出来的，如来自自身的压力，来自竞争对手的压力，也有来自领导的压力。

③ 不限定提案的内容。提案改善活动一般不限定提案范围，员工可以从企业经营活动的各个方面提出改善意见。提案内容可以涉及质量、效率、成本、安全、卫生、环境、培训等；同时也不限定提案水平的程度和提案的大小，只要对企业有利，再小的建议都在接纳、实施、奖励之列。

第八章 素养养成的关键点

④ 有一定的提案格式要求。为了促进员工积极参与，必须对提案的格式进行规范，设计一种既实用又方便的提案改善表格。对于提案改善表格没有严格的硬性规范，企业可以根据自己的实际情况进行设计。

表8-3和表8-4为两种常用的标准化提案改善表。

表8-3 提案改善表（一）

部门		姓名		日期	
提案名称					
建议类别	成本□ 效率□ 品质□ 6S□ 安全□ 卫生环境□ 其他□				
改善建议内容	问题点		提出部门确认		
	原因分析		实施部门确认		
改善效果	改善前		改善后		
	有形和无形成果				
评价	贡献度（60分）	创意度（20分）	可行性（10分）	努力度（10分）	总分	评价人（签字）
1						
2						
3						
6S推行委员会审核结论：						

表8-4 提案改善表（二）

部门		姓名		日期	
提案名称					
问题描述（图示）：		改善前后统计图表或其他图表比较			
改善对策：					
改善成果情况（有形和无形）：					
评价	贡献度（60分）	创意度（20分）	可行性（10分）	努力度（10分）	总分	评价人（签字）
1						
2						
3						
6S推行委员会审核结论：						

通过改善提案制度，可以培养员工的问题意识和改善意识，使改善自主化、全员化，改善员工发现问题和解决问题的能力。挖掘员工的潜在能力，提高员工士气，增进管理者与员工之间的交流和沟通，提高员工改善的积极性，更好地推进企业的6S管理，提高经济效益。

6S改善提案评估标准如表8-5所示。

表8-5　6S改善提案评估标准

评估项目	A	B	C	D
创新性 （30分）	有在全公司推广的价值	有在全厂推广的价值	有在本单位推广的价值	有在本班组推广的价值
	26～30分	21～25分	16～20分	13～15分
精细程度 （20分）	很精细、规范，现场美观	较精细、规范，视觉效果良好	精细、规范，视觉效果一般	有些粗糙，视觉效果较差
	17～20分	12～16分	9～11分	4～8分
管理成效 （20分）	成效显著	成效较好	成效好	成效一般
	创效100万元以上	创效50万元以上	创效10万元以上	创效5万元以上
	17～20分	13～16分	9～12分	5～8分
努力程度 （15分）	最大努力	很努力	相当努力	一般努力
	12～15分	9～11分	5～8分	2～4分
难易程度 （15分）	深层次改善	一般改善	简单直观改善	管理改善
	12～15分	9～11分	5～8分	2～4分

（3）提案的申请流程

第一是发现问题；第二是改善方案的提出（提案表）；第三是提案商谈；第四是提案的公布；第五是提案的改善；第六是形成改善报告。

落实改善提案制度的时候，要明确活动的内容并与当前的形势相结合；要有具体的活动要求，以保证活动的质量和水平；要有明确的激励措施，以调动员工参与的积极性；设有专门的评审机构，按照一定的评审标准和要求来展开评审工作。

2. 改善提案中的常见问题

（1）如何使"偶然想法"变为有效提案

人的大脑是非常活跃的，无论我们是在认真思考还是胡思乱想，总会突然产生一些自认为奇妙的想法。为了避免遗忘，我们应该随手写在纸上。许多人在睡觉前有思考和总结一天工作的习惯，在夜深人静的时候大脑可能比平时更加活跃，作为创意的积累，所以无论有什么想法，想到就记下来，然后找到机会并付诸行动。

（2）改善提案要写什么

在企业组织改善提案活动时，很多员工并不明确到底什么样的内容才是有效的提案。提案是为改善我们周边所发生的错误的、不合理的事情及浪费等，进行调查，把"这样会更好"的意见填入提案书，向企业提出，这就是一个有效的提案。

（3）如何调整员工的参与心态

为了减少提出提案却不被采纳的挫败感，企业应当教会员工提出提案的正确方法。在提案提出之前做一次整理，在平时的生活、工作中要把思考现状、发现问题作为一种习惯。

（4）如何调动员工参与的积极性

企业设立提案箱，这已经是非常普遍的一种做法。但是，真正能发挥其意义的提案并不多见，如果想使这一情况得到改善，必须有强制性的措施，规定每个部门甚至每个员工，每个月的提案需要达到的数量。这样一来，使得员工都开始思考现状、发现问题，逐渐形成一种习惯，借此使得所有员工都参与到企业的改善活动中来，主人翁意识也慢慢得以加强。

此外，调动员工积极性的方法是形成一套有效的奖惩体系。6S改善提案活动的奖励机制分为两个方面：一是对提案人的奖励；二是对部门的考核奖惩。对提案人的奖励要采用普惠制，通过这种奖励方式，吸引大家都参与这项活动，通过全员参与来提升企业效益，提升员工的创新素质和企业的创新文化。对于部门考核，要建立考核指标，如人均提案件数、提案参与率、人均提案经济效果等，奖多罚少，让基层主管变压力为动力，慢慢从被动参与转换到主动参与。

另外，很多优秀的企业为了提高员工改善提案的意愿，采取许多活性化办法，如部门提案件数竞赛、个人提案件数龙虎榜、优秀提案展示报告会、提案改善园地等。某日资企业的老总曾经说过："衡量一个企业是一般还是优秀，只需看企业墙上张贴的是制度还是改善案例就知道了。"优秀企业到处张贴的是员工的改善案例，培养员工有强烈的改善意识，并确确实实地改善企业内的不良与浪费。

（5）提案格式是否要规范化

改善提案报告的格式企业是要统一的，至少要包含一些基本性内容，如问题描述、对策建议、实施效果等。如果没有标准格式，员工会写得非常简单，这不利于员工清晰表达自己的思路与做法，也不利于企业进行知识积累。这种标准格式，可以引导员工进行结构化思考、结构化描述，让改善提案活动更深入、更规范。

改善提案报告书模板如表8-6所示。

表8-6 改善提案报告书模板

部门		姓名		日期	
提案名称					
提案类别					
问题描述:(量化数据)				问题图形(图片)展示:	
原因分析:(人、机、料、法、环)				有关部门确认:	
对策建议:				对策图形(图片)展示:	
实施对策过程与结果:(分步骤描述)					
改善效果:(尽可能量化)					
审核结论:					

第九章

6S管理的日常化与持续提升

Chapter Nine

一 科学开展6S活动的督导

6S督导是对企业6S现场精益化管理活动进行监督和指导,以发现在6S管理活动中存在的问题,及时纠正,改善6S现场管理活动,实现企业6S现场精益化管理的目标。

1. 6S督导管理的概念

对企业的6S管理过程进行督导的实质是对6S管理活动的监督和指导,从两个方面理解6S管理的督导活动,即追求全方位的过程控制和有计划的过程控制。

① 全方位的过程控制。企业的6S管理要获得预期的效果,首先要具有一个良好的、全方位的过程控制。对于企业来说,要成立6S推行委员会、6S推行办公室,有计划性目标,要宣传并进行骨干培训,要设立样板区,进行定点摄影、6S竞赛以及红牌作战等;对于部门来说,要成立6S推行小组,同时也需要进行部门内部的宣传教育;对每一个人来说,要填写6S日常责任表。

② 有计划的过程控制。6S管理的推行还需要一个有计划的过程控制,从前期造势到选定样板区域,再逐步将6S活动日常化,最后形成实施惯性。从明确组织责任、明确方针目标计划、宣传造势、树立样板区直到个人礼貌素养的提升,要通过PDCA循环,达到全方位、有计划的过程控制,最终获得良好的实施效果。

2. 6S督导人员的选择

6S督导人员是能够灵活地运用6S现场管理优化的理念和方法,对企业在现场物流和能力保障中所出现的问题进行调查、分析、策划、执行、控制和评价,以减少现场生产运营环节中的非增值现象,提高企业对市场的快速反应能力的生产管理人员。明确6S督导人员的任职资格要求,选出符合条件的督导团队成员,是组建高效督导团队的基本条件之一。

督导人员资格胜任能力类别如表9-1所示。

表9-1 督导人员资格胜任能力类别

序号	工作内容	必备技能
1	组织管理	体系保障、项目制定、组织建设
2	技能应用	项目控制、问题分析、现场诊断

督导人员资格胜任能力要求如表9-2所示。

表9-2 督导人员资格胜任能力要求

序号	能力类别	必备技能	技能要求	专业能力要求
1	组织管理	体系保障	能建立保障6S顺利推行的组织体系	以6S管理为指针,以转变员工思想、健全规章制度和管理文件为依托,通过流程再造、组织体系重组和岗位责任完善,在本部门开展6S管理,实现部门管理绩效的持续提升
		项目制定	能编制有网络计划、分步预算的企划项目方案	企划项目要与企业的发展战略相吻合,要体现各部门间的协调配合,要明确进度评估和相关责任
		组织建设	能建设有快速反应能力的现场管理体系	能扎实6S的管理基础,培养部门持续的学习热情、强烈的创新意识和高效的执行能力
2	技能应用	项目控制	能有效地把握项目进度	能按项目进度进行资源配置、进度控制和绩效评价
		问题分析	能快速查找现场物流体系中问题的真正原因	能从顾客立场着眼,运用产能平衡、物料控制、现场改善、作业研究等6S管理方法,剔除现场物流体系中的非增值业务
		现场诊断	能从多视角对现场物流的运行情况进行即时评估	用6S的管理工具,从准时化、自动化、现场定置、目视管理、标准作业、现场物流和工位管理等角度评价现场绩效

 开展6S管理的检查考核

1. 内部审核法

(1) 6S内部审核的内涵

为评价6S活动有关结果是否符合企业的期望和要求,以及寻求继续改善的可能性空间而进行的内部自我系统性检查,就是6S内部审核。

6S活动内部审核的特点,主要表现在以下三个方面。

① 系统性——正式的、有序的活动。

② 客观性——审核的独立性和公正性。

③ 自发性——企业出于改善的目的而发起的一种有组织的审核。

在进行6S管理活动审核时必须依据以下原则。

① 审核是检查6S活动推展程度、深度的有效管理工具,是为了更好、更彻底地实施改善。

② 与ISO9000一样,审核的客观性、系统性和独立性是核心原则。

③ 6S活动具有很大的灵活性,涉及方方面面,所以在审核之前,审核的范围、目

的和判定标准等都应明确，并达成一致意见。

④ 审核人员应对6S有深刻认识，并有相应的整体把握及评价判定能力。

⑤ 在审核中，审核人员应该对事不对人，客观公正；被审核人员应积极地配合审核。

在开展对6S管理活动进行审核的时候，有以下几点要求。

① 建立正规的文件化6S管理体系。首先要求建立正规的文件，正规的6S体系形成以后，才可以进行公正的比较和评价。实际行动中，要有书面的文件或非书面的承诺，承诺一定要一致。

② 6S体系审核必须是一种正式的活动。6S体系审核必须依照正式的特定要求进行，包括6S手册、目标承诺书、方法指导书、其他支持文件与样板、制度规范的要求，这些特定的要求都是在确定审核任务时就应该予以明确的。在审核正式文件或书面文件中，要注明审核的目的、审核的范围、制订正式的审核计划，通过制订实施审核计划的检查表，依据计划和检查表进行审核。

③ 体系审核结果要形成正式的文件。有正式的审核报告，审核报告和记录都是正式的文件，留存到规定的期限。

④ 6S体系审核要依据客观证据。相关的具体事实为什么强调客观存在的证据，因为它是对事不对人，不受情绪或偏见来左右事实，而且可以陈述的辩证的事实。

⑤ 审核人员必须具备一定的资格。

（2）6S活动内部审核的阶段与步骤

6S管理活动审核有两个阶段。

① 文件审核。审核是否建立正规的文件化体系；文件的内容是否正确，是否符合标准；了解受审核方的基本情况。

② 现场审核。检查受审核现场，动作是否符合特定的要求，如6S的手册、承诺书、保证书等三方面的情况。

当这些都没有问题以后，就要进行6S体系审核的五个步骤，具体如下。

① 审核工作计划。检查企业的6S审核制度是否很完善，确定审核范围，制订审核计划。

② 指定审核员或组成审核组。审核组和审核员要搜集相关文件，然后对文件进行审查，根据实际情况制订审核计划，准备工作计划。

③ 实施审核。召开首次会议；进行现场审核（搜集客观证据，记录观察结果）；召开末次会议。

④ 审核报告。编制审核报告。审核报告的内容应包括时间、地点、人和事，发现什么问题，怎样去改善，如何改善，也可以提出改善意见或建设性意见，然后把这些报告都集中起来，一份分发到受审单位，另一份存档。

⑤ 纠正措施与跟踪。向受审核方提出纠正的要求，受审核方制定并实施纠正的措施，验证措施的有效内容，而且必定做成记录，并确保跟踪的实施。因为跟踪是审核的继续，是对受审核方的纠正和预防措施进行的评审，是验证并判断效果，并对验证的情形进行记录。

（3）6S管理活动内部审核的实施

① 审核准备。每次审核之前，审核范围（区域）、审核目的（主题）和判定标准（水平、程度）必须明确。审核目的（主题）明确是为了判定6S达到的水平、程度，为了寻找问题点及时地改善。审核目的决定审核范围和判定标准，范围明确是针对哪个具体的项目或区域。判定标准是审核的深度。

审核的工作准备主要有以下几个方面。
- 建立审核工作系统。
- 进行资料收集以及文件的审核。
- 制订审核计划。
- 编制检查表。

对审核准备的基本要求。

第一，责任要落实。建立审核组并分工，接受审核的单位或部门应该有充分的准备。

第二，工作文件完善。受审核部门的工作文件是完善的，各类工作文件一定要齐备，所有规范都能得到理解并有效地运用。

第三，计划落实。审核计划要得到批准，审核组或受审核部门应对审核计划进行充分了解。

② 建立审核系统。首先，需要建立审核组织，明确审核工作责任部门，明确各部门有关6S审核的职责，这是建立审核组织的重要项目。其次，选定内部审核员，审核员一旦选定，一定要经过培训。没有经过培训的审核员，可能会造成审核的疏失。

确定审核组织的时候，一定要用正式文件任命审核员与审核组组长，赋予其相应的义务或责任。审核小组一旦成立，就必须考虑审核活动的规模、深度、广度、时间安排等几个要素，这些要素是否做了适当的准备；被审核的区域应与审核员没有直接的业务关系，否则容易影响审核的客观性和公正性；适当地考虑审核员的基本素质以及能力、水平，尽量做到互补及合理的调配。

③ 程序与文件审核。对工作程序以及文件的审核分为两个部分：6S体系的内部审核程序和内部审核工作的文件。

对于6S体系的内部审核程序要从P、D、C、A这四个角度去分析：如何制订审核计划？如何执行计划？由谁负责制订计划，谁监督检查计划的执行？审核实施过程以及各阶段的要求是什么？每一个阶段的责任部门和责任人是谁，应该负什么样的责任？

对于内部审核工作的文件,审核的内容包括审核计划、检查、不合格报告、纠正措施报告、审核报告等5种表格,这些都是审核文件内不可缺少的。

制订审核计划首先需要明确审核计划的范围,每一次审核的具体安排;可安排某些时间对某区域的审核,也可以安排某个时间对某个项目或某个要素的审核。所制订出的审核计划要形成正式文件,须由6S推行委员会最高执行长批准。

审核计划表如表9-3所示。

表9-3　审核计划表

审核目的			
审核范围			
审核依据			
审核成员	组长		
	组员		
审核时间			
审核日期			
首次会议		末次会议	
审核内容	部门		
	项目		
	具体内容		

(4)6S管理活动审核实施

① 首次会议。审核小组与被审核部门负责人召开首次会议,主持人一般为审核组组长。召开首次会议首先是明确审核的范围和目的,澄清审核计划中不明确的内容;简要地介绍审核采用的方法和步骤;确定审核组与受审核方领导都要参加的末次会议的时间,以及审核过程中各次会议的时间。首次会议的内容一般包括对人员职责分工的介绍;审核计划内容的再次确定;修改事项的说明与确定;审核员对被审核方意见的收集。

② 6S管理活动审核实施。首先,转入现场审核。审核的缓冲时间一般是15～30分钟,让所有的审核员阅读自己审核的内容及相关的文件规范。其次,信息收集与认证。对于审核过程中收集到的信息,审核员应进行认证。信息可以通过不同的渠道予以验证,认证后的信息可作为审核依据。再次,审核发现。将所收集的证据、审核准则进行评价,叫作审核发现。

审核发现一般分为符合或不符合项目。审核组在末次会议之前,就要对审核发现进行评审,如在什么地方、通道、类似的死角等几处地方,发现什么东西,有多少数量,是做什么用的,发现有多久,对这些都要进行评审。对未满足要求的部门和项目,应详细地记录在"6S内审核的不符合项目纠正表"中，并应有一定的事实依据作为支持，受审核方对不符合的项目应予以确认并理解，如果有意见、分歧，可以报审核组组长，向6S推行委员会申请裁决。最后，与受审核方的沟通。审核部门与受审核方的沟通，是一件非常重要的事情。审核期间，审核组组长应该定期就审核状况及问题，与受审核部门进行适当沟通，当有异常原因导致审核目标无法实现时，审核组组长要向6S推行委员会或受审核部门报告，并采取相应的措施。

6S现场管理审核范围评分标准样本表如表9-4所示。

表9-4　6S现场管理审核范围评分标准样本表

项目		考核标准
卫生	地面	地面（通道）无污染（积水、油污、灰尘、纸屑、线绳等不要物），物料无散落地面，通道畅通
	墙壁	墙身无渗漏、落灰、蜘蛛网、油污；挂贴墙壁上的各种物品整齐合理，保持干净整洁，无不要物；门窗清洁，不得敞开，无破损
	设备	设备仪器保持干净、摆放整齐、无多余物（工具、胶带、标签等）；仪表、表盘干净清晰；零部件干净，无油污存放
	人员	工装、鞋、帽等劳保用品保持清洁卫生；不得留长指甲；不得涂指甲油；不得佩戴饰品（戒指、项链、耳坠、耳环等）
	办公场所	桌、椅、柜等设施保持清洁卫生，现场桌面无杂物及与工作无关的资料，物品摆放有明确位置，不拥挤、凌乱，桌面干净、牢固，墙壁不乱贴、乱画，文件等整齐有序
	公共场所	辖区公共场所干净、清洁、无杂物
定置定位	设备	设备摆放要定位，放置在定位区域内，无压线；运输车辆定位停放，停放区域划分明确，标识清晰
	物料	放置区域合理划分；使用容器合理，标识明确；原材料、半成品、成品应整齐码放在定位区域内；不合格品应码放在不合格品区，并有明显标识；物料、半成品、成品上无脏污、无灰尘、无杂物，不得落地存放；零部件有固定存放点，标识明确，保持干净清洁
	设施	空调、风扇、照明布局合理，无人使用时应关掉，无长流水、长明灯等浪费现象；清洁用具本身干净整洁，定位合理，不堆放，不用时及时归位；垃圾不超过容器口；抹布等工具应定位，保持干净整洁，不可直接挂在设备、电线、开关阀门上
	包材	区域定位合理，标识明确，包材应整齐码放在定位拖板或物料架上，不得落地存放；员工不得坐、踏、踩、躺包材（内外袋、纸箱等）
	工器具	工具箱（柜）物品摆放整齐、安全，无不要物和非工具用品，有固定存放点，标识明确，簸箕、桶、筐、瓢、锨等辅助工器具应干净整洁，有固定存放点，不用时及时归位
行为规范	着装	按规定要求穿戴工作服，着装整齐、整洁；头发不得外露，不得敞怀，不得卷裤腿，不得穿工鞋进入卫生间
	在岗情况	员工应坚守岗位，不得睡岗、串岗、离岗、脱岗，车间主管无特殊原因，不得离开车间

续表

项目		考核标准
行为规范	安全	开关有控制对象标识，无安全隐患；电线布局合理整齐，无裸线、无上挂物等；不得在禁烟区吸烟；电器检修时需有警示标识；消防器材摆放位置明显，标识清楚、状态完好，干净整齐；废弃设施及电器应标识状态，及时清理。下班后，门窗及时关闭落锁；车间不得有蝇、虫、鼠等
	消毒	设备、工器具按规定清洗、消毒，并有记录，生产员工和非生产员工进入生产区必须按照规定要求消毒，接触物料前必须按要求消毒或戴防护用品
现场记录	关键控制点	及时、准确地将生产工艺上的关键控制数据清晰、工整地填写在关键控制点记录上，以便总结、整改，不得补填、涂改、缺项
	设备维护、保养	按表格设定内容准确填写每台设备的维修项目，不得补填、涂改、缺项、缺页，字迹工整清晰
	生产原始记录	严格执行生产工序，按投料先后数量顺序、时间、温度等进行控制填写，不得补填、涂改、缺项、缺页，字迹工整清晰
	投入产出记录	严格按照配方数量称重投料，投入与产出必须认真按时填写，不得补填、涂改、缺项，以便分析整改
	设备、工器具消毒记录	定期对设备、工器具进行清洗消毒，对用何消毒液、稀释比例、消毒方式等内容认真填写，字迹清晰，不得补填、涂改、缺项、缺页
	考勤记录	对当班出勤员工按出勤、迟到、早退、旷工、请假、病假、休假等项目规范填写，不得弄虚作假

6S现场管理督察评分日报表得扣分说明：
1.督察人员每天分四次不定时地对各生产车间（班组）及管辖区域、公共场所进行现场督察评分；对车间当日的现场管理情况，依评分日报表中项目分值按"合格为√，不合格为×"的方式进行评分填表。2.督察人员每天分四次对各车间（班组）进行现场督察评分，单项三次（含三次）以上被评为"×"，不得分；单项两次（含两次）以上被评为"×"的，按平均分值扣分。把当日各项目得分相加等于6S现场管理得分

6S内审核的不符合项目纠正表如表9-5所示。

表9-5　6S内审核的不符合项目纠正表

受审核部门		NO.	
不合格事实描述：			
		签名： 部门：	
原因：			
纠正措施：			
预定完成日期：		签名： 批准（6S推行委员会执行长）：	
纠正措施验证： 1.可　　　　2.不可 签名：　　　　　　日期：			

③ 末次会议。末次会议之前，审核组应该进行内部商议，以便对审核情报信息进行评审。整个检查，哪些可以提报，哪些可以自行改善或不足以提到会议上，要制订审核发现清单。在末次会议上还要达成一致的审核结论，以便下次再做审核时，有改进的依据。

④ 编写审核总结报告。由审核组组长负责审核报告的编写，对于其准确性和完整性要全面负责。

审核报告的内容一般包括6S体系是否符合企业规定的标准；6S体系实行的有效性；6S活动的持续性以及适宜性；审核发现的统计分析、优良事件、改进事件，哪些是需要并可以立即改进的，哪些需要汇总企业协调一起来改进的；审核的时间、地点、范围、方式及参与人员；提出下次的审核重点以及其他建议事项。

审核报告必须通过审核组组长、6S推行委员会执行长审批认可，审核报告应该在原定的时间内发行，按照清单进行发行。受审核部门或接受部门必须书面签收，并按要求进行管理，或进行改进。简单的审核报告样式如表9-6所示。

表9-6 简单的审核报告样式

审核日期：	审核范围：
审核组组长： 成员：	
审核描述总结： 结论：	
下次审核重点：	

2. 考核评比法

（1）6S管理活动的检查要点

对6S现场精细管理开展定时或者不定时的检查是6S督导活动的一个方法。检查可以是部门负责人对本部门6S管理活动展开的检查，也可以是部门与部门之间、员工与员工之间的互相检查，还可以是督导团队对企业或者部门6S活动的检查。

（2）6S检查表

检查表就是对6S现场精细化管理活动进行检查时所用的表格，是6S活动执行进度的标准。通过对检查表的运用，可以随时掌握活动所达到的效果，发现存在的问题和不足，以进一步明确改善的目标，有针对性地开展下一步的工作。检查表不应该只是记录分数，对已具体的改善事项也要进行详细的记载。

检查表中的项目指标应该是动态的。当检查过程中发现的问题太少时，就要考虑提高目标值，这样才符合6S持续改善的宗旨。

6S检查表的类型如下。

第一，阶段性检查表。阶段性检查表是指在6S活动期间对每个阶段的活动内容进行的检查。检查表的编制以本阶段的活动为主要内容，通常由各负责区自行组织检查，必要时可由推行委员会组织抽查，并加以监督。

某印刷包装公司6S检查表（印刷车间现场）如表9-7所示。

表9-7 某印刷包装公司6S检查表（印刷车间现场）

受检部门：_____　　　　检查日期：_____　　　　检查人：_____

	检查要素	要素评分	具体检查内容
整理	1.通道上有无障碍物	5	① 产品：合格品/不合格品是否分开，是否呆滞于通道，没有及时运走？ ② 工具是否没有放回规定位置，呆滞于通道上？ ③ 纸和油墨等是否没有处于规定位置，呆滞于通道上
	2.不要/不用品处理情况	5	① 近期不用设备/工具是否按规定封存？放置规定位置，只留下要的？ ② 产品垃圾、易燃易爆品是否及时分开？是否还有闲置纸/油墨/菲林？ ③ 是否有生活用品/饮品食品/其他与生产无关的物品置于现场
	3.文件的保管、整理情况	5	① 有效顾客签样/菲林是否妥善保管？作业文件是否妥善保管？ ② 过期作废文件是否置于现场？参考资料是否明确标识？ ③ 是否违反规定将小说、杂志和影视娱乐用品置于工作、生产现场
	4.个人桌面整理情况	5	① 工作台面、桌面除必要的文具和记录，是否还有其他杂物？ ② 抽屉和工具箱内是否置入生活娱乐或其他与工作无关的物品
整顿	5.设施/设备整顿情况	5	① 印刷设施/设备和现场物品是否定位定置？ ② 印刷设施/设备和现场物品是否定位定置，且与图示规定相符？ ③ 设施/设备和现场物品是否定位定置，与图示规定相符，且标识清楚
	6.工具整顿情况	5	① 近期不用设备/工具是否按规定封存？放置于规定位置？ ② 工具、仪表是否齐备，标识清楚有效？是否还有闲置纸/油墨/菲林？ ③ 工具箱中是否有生活用品/饮品食品/其他与生产无关的物品
	7.用品整顿情况	5	① 产品：现场合格品/不合格品是否定位定置，标识清楚有效？ ② 生活用品（限工服、雨具和饮水杯）是否限定存放位置，标识清楚？ ③ 纸和油墨等是否定位定置，标识清楚有效？MSDS表是否展示
	8.文件管理情况	5	① 有效顾客签样/菲林是否妥善保管？受控文件是否标识有效且妥善保管？ ② 过期作废文件是否明确标识？记录存档是否规范？ ③ 是否违反规定将小说、杂志和影视娱乐用品置于工作、生产现场
	9.环境整顿情况	5	① 有否定位定置标示平面图，按规定布局现场？ ② 设备/物品/合格品/等是否标识清楚，一目了然？发料是否先进先出？ ③ 现场是否清洁有序，效率高

续表

检查要素		要素评分	具体检查内容
清扫	10.通路/现场情况	5	① 通道和现场有没有垃圾、杂物,有无油污、泥水,妨碍运输和作业? ② 通道和现场有没有边角料、废弃物? ③ 通道和现场有没有生活垃圾、废弃易拉罐、塑料瓶、烟头
	11.窗户/窗台/墙面情况	5	① 窗户/窗台/墙面是否随时清扫,窗上有无蜘蛛网?窗台有无尘土? ② 窗户/窗台/墙面是否有损坏?零件有无锈蚀、损坏,是否设法去除? ③ 窗户/窗台/墙面是否有油污、泥水、污迹或其他涂脏的印记
	12.桌面/作业台面情况	5	① 桌面/作业台面的文件记录和文具是否整齐有序?有无灰尘和污染物? ② 桌面/作业台面是否有损坏?电脑是否随时保养清洁? ③ 桌子/作业台内部是否彻底清洁有序
	13.设施/设备/工具情况	5	① 印刷设施/设备/工具是否清洁保养到位?维修结束是否及时清场? ② 印刷设施/设备/工具,包括内部清洁保养,有无不符合规定? ③ 结束工作的清洁是否彻底,能否为下次的开始做好充分准备
清洁	14.整体环境卫生保持	5	① 通道和现场有没有坚持下来? ② 通道和现场清扫有没有死角,不彻底的地方? ③ 通道墙上污迹,都清除掉了吗
	15.整理、整顿坚持情况	5	① 设备/工具/产品是否按规定置于现场,保养和标识是否坚持下来? ② 现场是否没有杂物干扰,非常有序清洁?能否30秒完成查找? ③ 产品搬运、垃圾清运是否及时,为现场作业提供良好环境
	16.垃圾清运,消除无组织排放	5	① 有机废气是否集中排放,是否坚持执行? ② 垃圾是否分类标识、分类收集,是否坚持执行? ③ 是否坚持环保要求
素养	17.6S持之以恒习惯化	5	① 整理、整顿,是否坚持执行,养成良好作业习惯? ② 清扫、清洁,是否坚持执行?勤俭节约、饮食起居均养成良好习惯? ③ 是否坚持环保要求、生产间隙整理、整顿、清扫,养成文明生产习惯
	18.仪容相貌,健康向上	5	① 是否举止不雅,粗口骂人,嬉戏打闹,串岗睡觉,没有礼貌,不讲团结? ② 是否衣帽不整,男孩子烫头染红发,上班玩手机,不热爱本职工作? ③ 是否作风懒散,不求上进,不关心集体,不爱护公共财物
安全	19.设备/消防器材维护	5	① 设备/消防器材状态标识是否有效?有无开机前安全确认?是否定期安检? ② 设备/消防器材维护保养,是否坚持执行?会使用灭火器吗? ③ 现场布局是否有助于消防撤离和灭火时消防器材使用
	20.消除安全隐患	5	① 是否坚持执行消防安全生产培训?是否熟悉MSDS的安全防护要求? ② 是否及时发现并排除消防隐患?是作业熟练,不做危险违规动作? ③ 是否人人明确安全生产的要求?是否符合易燃易爆物品严格管制

第二，效果检查表。在阶段性检查表的基础上，6S推行委员会要对各责任区的6S管理活动进行确认，这就需要用到效果检查表。效果检查表在项目条款上要进一步细化，以便进一步掌握6S管理活动所达到的深度。通常由6S推行委员会组织检查。表9-8给出某企业整理、整顿效果检查表案例。

表9-8　某企业整理、整顿效果检查表案例

受检部门：_____　　　检查日期：_____　　　检查人：_____

序号	检查内容	检查标准	检查方法	检查结果	纠正跟踪
1	办公室	① 物品未分类，杂乱放置（1分）； ② 尚有较多物品，杂乱放置（2分）； ③ 物品已分类，且基本整理（3分）； ④ 物品已分类，整理较好（4分）； ⑤ 物品已分类，整理好（5分）	现场观察抽查		
2	工作台	① 有较多不适用的物品在桌上或抽屉内杂乱存放（1分）； ② 有15天以上才使用一次的物品（2分）； ③ 有较多7天内使用的物品（3分）； ④ 基本为7天内使用的物品，且较为整齐（4分）； ⑤ 基本为7天内使用的物品，且整齐（5分）	现场观察抽查		
3	生产现场	① 产品杂乱堆放，设备、工具凌乱，尚未标识（1分）； ② 仅有部分产品、设备、工具标识，现场仍很乱，有较多不用物品（2分）； ③ 产品、设备、工具已标识，产品、设备和工具放置基本整齐，尚有少量不用物品在现场（3分）； ④ 产品已标识、产品、设备和工具放置较整齐，基本无不用物品在现场（4分）； ⑤ 符合要求（5分）	现场观察抽查		

第三，诊断检查表。诊断检查时，对6S实施过程中各个阶段的综合检查，以验证6S活动的实施水准是否达到企业的期望。诊断检查通常由6S推行委员会主任牵头。检查过程中将所获得的有关实施汇入6S诊断检查表，并对表中所列的检查项目进行符合性判断。

生产车间检查表（来源于6S小组活动推行管理办法）见表9-9所示。

表9-9　生产车间检查表（来源于6S小组活动推行管理办法）

受检部门：_____　　　检查日期：_____　　　检查人：_____

项次	检查内容	配分	得分	缺点事项	改善计划
整理	1.是否定期实施红牌作战（清理不要品）？	3			
	2.有无不用或不急用的夹具、工具、模具？	3			
	3.有无剩余料或近期不用的物品？	3			
	4.是否有"不必要的隔间"影响现场视野？	3			
	5.作业场所是否规划清楚	3			
	小计	15			

续表

项次	检查内容	配分	得分	缺点事项	改善计划
整顿	1.仓库、储物室的摆放是否有规定?	3			
	2.料架是否定位，物品是否依规定放置?	4			
	3.工具是否易于取用，不用找寻?	4			
	4.工具是否用颜色区分?	3			
	5.材料有无放置区域，并加以管理?	4			
	6.废品或不良品放置有无规定，并加以管理	4			
	小计	22			
清扫	1.作业场所是否杂乱?	3			
	2.作业台上是否杂乱及乱摆乱放?	3			
	3各区域划分线是否明确?	3			
	4.作业段落或下班前有无清扫	3			
	小计	12			
清洁	1.3S是否规则化?	3			
	2.机器设备有无定期检查?	3			
	3.是否对设备、物料、通道进行打扫?	3			
	4.工作场所有无放置私人物品?	3			
	5.吸烟场所有无规定，并被遵守	3			
	小计	15			
素养	1.有无培训日程管理表?	4			
	2.需要用的护具有无使用?	4			
	3.有无遵照标准作业?	4			
	4.有无异常发生时的应对规定	4			
	小计	16			
安全	1.所有的机器设备有无制订安全作业书?	4			
	2.所有的电源开关是否安全?	4			
	3.易燃易爆物品是否定点放置?	4			
	4.消防器材取用是否方便?	3			
	5.车间里的主次通道是否畅通?	3			
	6.所有的产品、物料在堆放时是否安全	3			
	小计	21			
评比人		合计			

第四，考核评级检查表。

某公司分厂车间生产现场（6S）管理检查评比标准表如表9-10所示。

表9-10 某公司分厂车间生产现场（6S）管理检查评比标准表

序号	项目（分值）	规范内容	扣分标准	扣分说明	得分
1	整理（20）	① 清理掉永远不用及不能用的物品；	不用物品未清理，每一项扣0.5分		
		② 把一个月以上不用物品放置于指定位置；	一个月以上不用物品未摆放到指定位置，每一项扣0.5分		
		③ 把一周内要用的物品放置到就近工区，摆放好；	一周内要用物品未放到就近工区，每一项扣0.5分		
		④ 把3日内要用的物品放到容易取到的位置	3日内要用的物品未放到容易取到的位置上的，每一项扣0.5分		
2	整顿（25）	① 定置图要在明显位置悬挂，划定定置区域线，定置标志醒目、清晰，与单位定置图相符；	定置图、定置区域与定置标志，每有一处不符的扣0.5分		
		② 物品按照定置位分类整齐摆放，并进行标识；	物品每有一处放置与定置区域不一致的，扣0.5分		
		③ 通道畅通，无物品占住通道；	每有一处占道的扣0.5分		
		④ 生产线、工序号、设备、工（模、夹、量）具等进行标识；	设备、工（模）具标识每缺一项扣0.5分		
		⑤ 仪器设备、工（模、夹、量）具摆放整齐，工作台面摆放整齐；	仪器设备、工（模、夹）具摆放不整齐，每一项扣0.1分		
			工作台面摆放无用物品，加工件摆放不整齐，每一项扣0.2分		
		⑥ 库房管理四号定位、五五码放、规律码放。物品数量做到账、卡、物、机一致	库房物品码放，每有一处码放不规律扣0.2分		
			库房物品数量，每有一种账、卡、物、机不符扣0.2分		
3	清扫（25）	① 地面、墙上、门窗打扫干净，无灰尘、烟蒂、杂乱物；	地面、墙上、门窗，每一处不合格扣0.1分		
			地面油污未处理的，每一次扣0.2分		
		② 工作台面清扫干净，无灰尘；	工作台面，每有一处清理不干净扣0.1分		
		③ 仪器设备、工（模、夹、量）具清理干净；	仪器设备未进行正常保养，清理不干净，每一项扣0.1分		
		④ 一些污染源、噪声设备要进行防护；	对污染源、噪声设备未进行防护，每一项扣0.2分		

续表

序号	项目（分值）	规范内容	扣分标准	扣分说明	得分
3	清扫（25）	⑤ 对流动工位器具要及时回空，合理使用工位器具，无乱扔、超载现象；	工位器具使用不合理、流动工位器具乱扔、超载、不回空，每一次扣0.2分		
		⑥ 配备清扫工具，及时清理铁屑、砂轮末子、钢砂、泥子等杂物	未配备清扫工具，每人扣0.2分		
			铁屑、砂轮末子、钢砂、泥子等杂物，每发现一人次未及时清理扣0.2分		
4	清洁（10）	① 成立生产现场管理推进小组，制订6S推进计划；	未成立生产现场管理推进小组，扣2分		
			未制定6S管理操作手册及推进计划，扣1分		
			分工不明确，职责不清，扣1分		
			未进行6S培训工作，扣1分		
		② 每天上下班花15分钟做6S工作；	未进行6S工作，一次扣2分		
		③ 随时自我检查、互相检查、定期或不定期例行检查。对不符合的情况及时纠正；	车间要有检查记录，按规定少一次扣0.5分		
			发现问题未进行整改的，扣0.5分		
			整改未按规定完成的，每一项扣0.5分		
		④ 整理、整顿、清扫保持得非常好	整理、整顿、清扫未保持，每有一项扣0.5分		
5	素养（10）	① 员工穿厂服且整洁得体、仪容整齐大方；	未按规定穿戴厂服，每一人次扣0.1分		
			穿着的衣服油、脏、破，每一人次扣0.1分		
		② 员工言谈举止文明有礼，对人热情大方；	吵架、骂人、恶语相加、臭语脏话，有不文明语言的，每一人次扣0.5分		
			打人、打架等不文明行为，每发现一人次扣1分		
		③ 有团队精神，互帮互助，积极参加6S活动；	每有一人未参加6S活动扣0.5分		
		④ 员工时间观念强；	工作中闲谈或做与工作无关的事情，每发现一人次扣0.1分		
		⑤ 遵守劳动纪律，按时刷卡，不在非指定时间和区域抽烟，不乱扔烟蒂	不按时刷卡，每一人次扣0.1分		
			在非指定时间和区域抽烟，每一人次扣0.1分		
			乱扔烟蒂，每一人次扣0.1分		
6	安全（10）	① 严格遵守"企业职工安全守则"和安全操作规程，严禁违章指挥、违章作业、违反劳动纪律；	违章作业的，每一人次扣0.5分		
			违章指挥，每一人次扣1分		
			违反劳动纪律，每一人次扣1分		

续表

序号	项目（分值）	规范内容	扣分标准	扣分说明	得分
6	安全（10）	② 正确使用劳动防护用品，女工戴好安全帽，禁止戴手套、系围裙操作旋转机床；	工作时未按规定穿戴劳动保护用品，每一人次扣0.2分		
			戴手套、系围裙在旋转机床操作，每一人次扣1分		
		③ 上班遵守"五不准"要求，即不准穿拖鞋、高跟鞋，不准赤膊，不准穿裙类服装，不准干私活，不准喝酒；	违反"五不准"要求，每一人次扣0.5分		
		④ 严格执行交接班制度，做好交接班记录。班后认真检查，切断电源、气源、熄灭火种，清理场地；	交接班制度执行不到位，交接班记录不完善，每一次扣0.5分		
			班后电源、气源未切断，场地未清理，每一人次扣0.5分		
			班后使用的火种未熄灭，扣5分		
		⑤ 定期查验灭火装置，保证灭火器材能用。	配备的灭火器材不能用，扣5分		
合计			100		

某企业办公室（6S）管理检查评比标准如表9-11所示。

表9-11 某企业办公室（6S）管理检查评比标准

序号	项目（分值）	规范内容	扣分标准	扣分说明	得分
1	整理（20）	① 把不再使用的物品清理掉；	每周定期清理不再使用的文件资料，未做废弃处理的扣0.5分		
		② 把长期不使用的文件资料按编号归类放置指定的文件柜；	未按规定存放，每有一处扣0.5分		
		③ 把经常使用的文件资料就近放置；	把经常使用的文件资料就近放置，未按规定存放的扣0.5分		
		④ 将正在使用的文件资料分为未处理、正处理、已处理三类；	未按规定进行分类，每有一次扣0.5分		
		⑤ 将办公用品摆放整齐	办公用品摆放不整齐，扣0.5分		
2	整顿（25）	① 办公桌、办公用品、文件柜等置放要有定置和标识；	办公桌、办公用品、文件柜等置放无定置和标识，每有一处扣0.5分		
		② 办公用品、文件摆放要整齐有序；	办公用品及文件放置不整齐无序的，扣0.5分		
		③ 文件处理完毕后均要放入文件夹；	文件处理完毕后未放入文件夹，每有一次扣0.2分		

续表

序号	项目（分值）	规范内容	扣分标准	扣分说明	得分
2	整顿（25）	④ 文件夹要有相应的标识，每份文件要有编号；	文件夹没有标识的、文件无编号的，每有一处扣0.2分		
		⑤ 办公桌及抽屉整齐、不杂乱；	办公桌及抽屉内杂乱的，扣0.2分		
			私人物品未按规定摆放的，扣0.2分		
		⑥ 电脑线用绑带扎紧；	电脑线未按规定绑扎的，扣0.2分		
		⑦ 用电脑检索文件	文件没有电脑检索的，扣0.2分		
3	清扫（25）	① 将地面、墙上、天花板、门窗打扫干净；	每有一处不合格，扣0.5分		
		② 将文件柜、办公桌、椅子、沙发、茶几打扫干净；	每有一处未打扫干净，扣0.5分		
		③ 文件记录破损处修补好；	文件记录破损，每有一处未修补好的，扣0.5分		
		④ 电脑、打印机、复印机等擦干净；	每有一处未擦干净，扣0.5分		
		⑤ 电灯、电话擦干净	每有一处未擦干净，扣0.5分		
4	清洁（10）	① 成立6S推进小组，制订推进目标、计划，分工明确，并进行内部培训、宣导；	未成立6S推进小组，扣5分		
			未制订6S推进目标、计划，扣1分		
			分工不明确、职责不清，扣1分		
			未进行内部培训、宣导6S，扣1分		
		② 每天上下班花5分钟做6S工作；	未进行6S工作，扣1分		
		③ 随时进行自我检查、互相检查、定期例行检查；	未进行检查、没有检查记录，每次扣0.5分		
		④ 对不符合的情况及时纠正；	对发现的问题未进行整改，扣0.5分		
			整改未按规定完成，扣0.5分		
		⑤ 整理、整顿、清扫保持得好	整理、整顿、清扫未保持，每有一项扣0.5分		
5	素养（10）	① 员工穿厂服且整洁得体、仪容整齐大方；	未按规定穿戴厂服，每一人次扣0.1分		
			穿着的衣服油、脏、破，每一人次扣0.1分		
		② 员工言谈举止文明有礼，对人热情大方；	吵架、骂人、恶语相加、臭语脏话，有不文明语言的，每一人次扣0.5分		
			打人、打架等不文明行为，每发现一人次扣1分		
		③ 有团队精神，互帮互助，积极参加6S活动；	每有一人未参加6S活动，扣0.5分		

续表

序号	项目（分值）	规范内容	扣分标准	扣分说明	得分
5	素养（10）	④ 员工时间观念强；	工作中闲谈或做与工作无关的事情，每发现一人次扣0.1分		
		⑤ 遵守劳动纪律，按时刷卡，不在非指定时间和区域抽烟，不乱扔烟蒂	不按时刷卡，每一人次扣0.1分		
			在非指定时间和区域抽烟，每一人次扣0.1分		
			乱扔烟蒂，每一人次扣0.1分		
			违反劳动纪律，每一人次扣0.5分		
6	安全（10）	① 上班遵守"五不准"要求。即不准穿拖鞋、高跟鞋，不准赤膊，不准穿裙类服装，不准干私活，不准喝酒；	违反"五不准"要求，每一人次扣0.5分		
		② 下班切断电脑电源；	下班未切断电脑电源，每次扣0.5分		
		③ 定期查验灭火装置，保证灭火器材能用；	配备的灭火器材不能用，扣5分		
		④ 信息安全、商业机密、经营信息、技术工艺机密	经营信息、成本价格信息，每有一次泄露扣5分		
			市场关键信息、招投标标的，每有一次泄露扣5分		
			关键技术、工艺信息，每有一次泄露扣5分		
合计	100				

（3）6S管理活动的评比与考核

一般情况下，检查表是6S管理活动评比与考核的主要工具，而对6S管理互动的评比与考核作为督导的一种方式，对于推动6S精益化管理发挥着重要作用。

① 6S管理活动的评比与考核的准备。

② 评分细则。明确6S考核的评分细则，是保证考核结果公平的一个基本条件。确定考核细则，明确如何进行评分以及计算、评估考核的结果。6S考核标准解决了如何进行初步评分的问题，而关于如何得到最终的结果，保证公开、公平，是在制定评分细则的时候必须考虑的一个重要问题，具体的评分细则是对这一问题进行描述和说明。

③ 现场考核。评比和考核过程分为两个部分：一是部门诊断会，由被评比与考核部门就6S活动的开展情况向评比与考核组进行汇报；二是评比与考核组进行现场考核。

按照评分标准与评分办法，对考核的情况进行汇总评分，并将相关事实计入"6S活动评比与考核表"，如表9-12所示。

表9-12 6S活动评比与考核表

区域	代号	扣分	扣分合计	得分

在此基础上，填写"6S活动考核报告表"，如表9-13所示。

表9-13 6S活动考核报告表

区域	代号	扣分合计	得分	问题描述

对于不能满足检查准备或者《6S管理手册》的有关问题，以汇总表的形式开出"6S活动整改措施表"（不符合事项通知单），要求相关部门进行整改，如表9-14所示。

表9-14 6S活动整改措施表（不符合事项通知单）

组别：_____　　　编号：_____

序号	整改内容	责任人	期限	验证人	验证时间

对评价结果的应用方面，主要体现在对表现优秀的部门和个人给予适当的奖励，对表现差的部门和个人给予一定的惩罚，使他们产生改进的压力。形成一种奖惩机制，以奖励为主、惩罚为辅，最好能与部门的绩效考核和奖金的发放相结合。这样才能真正发挥检查的作用，达到改善的目的。

三 建立现场6S的管理体系

与ISO 9000的认证一样，要想成功地推进6S管理，必须有一个完善的系统来支持。建立一套适合组织特点，符合6S管理要求，便于操作和利于考核检查的结构化、系统化的6S管理体系，对于企业来说，这是保证6S管理互动深入开展的保证，而编制出相应的6S管理文件则是保证组织6S管理体系的正确运行和有效实施，实现组织预定的目标具有不可缺少的重要作用。6S系统化文件是推进更高层管理的支持。如果这些文件做得很好，就能保证企业顺利地推行。现在，大部分企业都采用了所谓ISO国际标准系统进行管理，为了整个企业的系统整合、文件的适用，可以简化采用6S文件和ISO国际标准合一的方法。6S文件与ISO系统文件是完全一样的，也是分为四个层次，采用同样的推行方法，这四个层次与PDCA一样，采用同样的推行方法，这样6S就与企业日常的活动紧密地结合在一起了。

6S体系文件层次图如图9-1所示。

图9-1　6S体系文件层次图

1. 6S管理体系文件的内容

6S管理体系文件的内容，参照ISO9001或ISO14001等国际标准的结构形式进行编制。从目前大部分企业的实施情况来看，采用手册的形式比较多。通常，6S管理体系文件的内容包括6S管理活动职责、6S管理内容、作业指导书、检查考核、内部审核等。在实施体系建设的企业里，通常将手册纳入管理体系文件中去，其中部分程序可以与质量管理体系（或整合型管理体系）相兼容，如"文件控制程序""记录控制程序""不符合、纠正和预防措施控制程序"等，其内审和管理评审可与质量（环境、职业健康安全）管理体系合并进行。

企业导入6S管理活动，简单来说，可以是这样的：首先是员工行动起来，其次是员工要做好、做正确，再次要促进6S活动的持续进行，最后是达成6S管理活动的习惯化。在相应的活动过程中，配以相应的管理体系，即基本知识培训体系、6S管理标准和6S作业指导，6S评价改善体系和奖惩体系等。企业的6S管理体系一般包括基本知识培训体系、6S管理标准和6S作业指导、6S评价改善体系和奖惩体系四个方面。相应的，6S管理体系文件包括6S活动管理标准、作业指导书以及管理手册等。

2. 6S管理体系文件编制的基本要求

6S管理体系文件，是企业对其他管理标准的补充，特别是在实施质量管理体系的企业中，导入6S管理可起到事半功倍的效果。因此，在编制6S管理体系文件时，还应遵循以下基本要求。

- 应按企业的要求，规定适合的范围。6S管理体系主要是针对现场、现物和人的素养三方面的内容。
- 内容力求完整、准确、易于理解。
- 应充分考虑其先进性和为未来的发展提供最佳结构。
- 文本应准确、简明、严谨。准确，即没有技术性和科学性的错误。简明，即简单、明了、通俗易懂，避免烦琐和深奥的词语。严谨，即逻辑性强，用词准确，切忌含糊不清、模棱两可。
- 关于6S管理体系文件的具体条款表述时的用词，应该确切理解和正确使用GB/T1.1—2009标准化工作导则，见表9-15所示。

表9-15　条款规定标书中助动词的使用规则

GB/T 1.1—2009标准化工作导则	使用条件	在特殊情况下使用的等效表述
正面词：应 反面词：不应	表示要准确地符合标准而应严格遵守的要求	应该、准许 不应该、不准许
正面词：宜 反面词：不宜	表示在正常情况下首先这样做	推荐、建议 不推荐、不建议
正面词：可 反面词：不可	表示在标准规定的范围内允许稍有选择	可以、允许 不可以、不允许
正面词：能/可能 反面词：不能/不可能	表示事情因果关系的可能性和潜在能力	能够/有可能 不能够/没有可能

6S管理体系文件的编写可采用以下方法和步骤。

- 成立文件编写小组，明确职责。
- 收集有关6S方面的资料。
- 对参与文件编写的人员进行6S方面的知识培训和文件编制的培训。
- 确定拟编制文件的数量、结构、格式和文件编写计划。
- 起草文件的"征求意见稿"。
- 对"征求意见稿"进行审核（评审、评价）并修改，编写出送审稿。
- 对"送审稿"进行审核（评审、评价）并修改，完成"报批稿"的编制。
- 主任委员（一般为企业最高管理者）审核、批准"报批稿"。
- 发布6S管理体系文件。

• 通过试运行，确定文件的有效性。在组织内根据使用者的反馈意见、使用效果以及相关文件（如质量管理体系文件等）的接口是否通畅，对文件进行修改，从而完成6S管理体系文件的编制。

推进6S管理活动标准化

在实施6S管理活动到一定程度后，企业往往积累许多有益的经验，如何改善已经取得的成果不至于回到原来的老路上去，就需要进行标准化。标准化是实行6S管理的重要形式要素之一。统一的标识标准、操作标准、质量标准、摆放标准、安全标准，严格地执行标准，是6S管理规范化的必要条件。对6S管理中形成的标准，可纳入企业标准化体系文件中去。

1. 标准化的界定与目的

（1）标准与标准化

为在一定范围内获得最佳秩序，经协商一致制定并由公认机构批准，共同使用的和重复使用的一种规范性文件。企业的标准一般分为技术标准、管理标准和工作标准，而6S活动的标准则包含管理标准和工作标准。

6S推进到一定程度后，就要进入标准化阶段，标准化是制度化的最高形式，可运用到生产、开发设计、管理等方面，是一种非常有效的工作方法。所谓标准化就是对于一项任务将目前认为最好的实施方法作为标准，让所有做这项工作的人都执行这个标准并不断地完善它，整个过程称为标准化。标准化是为了在一定范围内达到最佳秩序，对现实问题和潜在问题制定共同使用和重复使用的条款的活动。

（2）标准化的目的

标准化的目的就是强调系统管理，即强调什么时间、什么人、做什么事情、做多少、数量多少、东西摆放在哪里，等等。

为什么6S推动要强调标准化？因为可以降低成本，提高产品质量，提升企业的形象，减少浪费。

6S标准化有四大目的：技术储备、提高效率、防止再发、教育训练。

6S标准化的作用主要是把企业内的成员所积累的技术、经验，通过文件的方式来加以保存，而不会因为人员的流动，让整项技术、经验跟着流失。

（3）良好6S标准的制定要求

许多企业都有这样或那样的6S标准，但仔细分析会发现许多6S标准存在操作性差、不明确等问题。其实，好的标准的制定要满足以下六点。

① 目标指向。标准必须是面对目标的，即遵循标准总是能保持生产出相同品质的产品。因此，与目标无关的词语、内容不应出现。

② 显示原因和结果。比如，"安全地上紧螺丝"，这是一个结果，应该描述如何上紧螺丝。又比如，"焊接厚度应是3微米"，这是一个结果，应该描述为"焊接工用3.0A电流20分钟来获得3.0微米的厚度"。

③ 准确。避免抽象，如"上紧螺丝时要小心"。什么是"要小心"？这样模糊的词语是不宜出现的。

④ 数量化-具体。每个读标准的人必须能以相同的方式解释标准。为了达到这一点，标准中应该多使用图和数字。例如，使用一个更量化的表达方式，"使用离心机A以100+/-50rpm转动5～6分钟的脱水材料"来代替"脱水材料"的表达。

⑤ 现实。标准必须是现实的，即可操作的。标准的可操作性非常重要。可操作性差是许多企业的通病。

⑥ 修订。标准在需要时必须修订。在优秀的企业，工作是按标准进行的，因此标准必须是最新的，是当时正确的操作情况的反映。永远不会有十全十美的标准。

（4）6S标准化的过程

6S标准化是一个过程，不能指望本月发出红头文件，下月各种符合要求的标准就完成。在进行标准化时一定要有耐心，营造良好的改善氛围非常重要。比如，管理看板、合理化提案制度、部门/企业改善发表大会、改善能手、标准化竞赛，等等。让做得好的员工有成就感，做得不好的员工有压力，逐步引导，最终完成有效的标准化过程。

对于现场管理工作，应按照"五按五干五检"的要求进行组织。

- 按程序、按线路、按标准、按时间、按操作指令。
- 干什么、怎么干、什么时间干、按什么线路干、干到什么程度。
- 由谁来检查、什么时间检查、检查什么项目、检查的标准是什么、检查的结果由谁来落实。

2. 6S标准化的要点和成效

（1）6S标准化的要点

① 抓住重点。抓住重点就是利用戴明圆环原理（PDCA循环）计划、执行、检查、总结，找出关键的少数以及找出重要的少数以便制定标准，这关键的少数，很多人一定晓得，就是所谓80/20法则，20%的关键少数，80%的关键多数。

② 语言通俗简洁。简洁的语言就可以描述标准，简明扼要。

③ 目的和方法要明确。要具体明确地描述目的和方法，就能保证预期的目标能够达到。

④ 要注重内涵。标准即使是手写的也可以，不求华美庄重的外表，但要有丰富的内涵。

⑤ 明确各部门的责任。比如，配备的实施、文件的保管以及培训人员都要求有管理的规则。

⑥ 容易遵循。标准化必须容易遵循才能保证彻底地贯彻执行，如果说标准很难做，大家既看不懂又不太容易了解，它就不能贯彻执行。所以，标准在制定之前，一定要考虑遵守的难易度，确定合适的方法。

⑦ 彻底实施。在实施标准中要经常确认遵守的状态，若遵守得不好就要调查原因，找出为什么没有遵守好。要彻底实施标准是一件非常重要的事情，制定的标准没有付诸实施，再好的标准也不过是一纸空文。

⑧ 修订完善。世界上没有十全十美的标准，所有的标准一开始都存在不同的问题，通过不断的操作、使用、修正才能逐渐地完善。

（2）6S标准化的成效

如果标准化没有做到、做得不好，就很有可能生产出高成本、低质量的产品；如果标准做得很好，就相应地自然会降低成本，制造出低成本、高质量的产品。在公司的内部管理活动中，标准化的作业更是功不可没，其效果也可以分为通用、附加、特别等三种效果。标准化的效果图如图9-2所示。

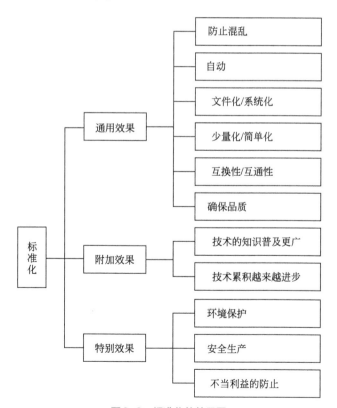

图9-2 标准化的效果图

在管理过程中，标准化和改善是紧密关联而又不可分割的，改善是标准化的基础，标准化是对改善的巩固。如果活用改善和标准化，这两者相互依存、相互促进的关系将能够预测到问题，甚至可以及早地做好防范，更好地促进良好的标准化效果的达成。

标准化与改善的关系如图9-3所示。

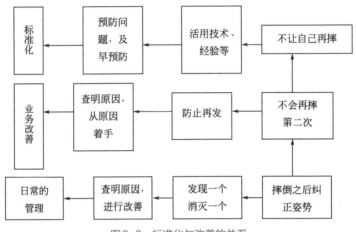

图9-3　标准化与改善的关系

促进6S管理活动习惯化

1. 6S管理活动习惯化的定义

习惯化就是素养相对应的最高表现，全员遵守6S规范，使之成为每天的习惯，将良好的状态保持下去，是全企业素养培育和提高的表现。"素养"讲的是坚持遵守规定，而推行好的生产现场管理体系应经历三个阶段：形式化—行事化—习惯化。所以，习惯化是"素养"和"坚持"追求的目标及结晶。

习惯化是6S管理活动的核心目的。通过6S管理活动的实施、监督、指导、考核，最终要实现全体员工对6S管理活动的一种坚持和习惯。做到企业通过4个"S"来改变现场，通过整理、整顿的习惯化，清扫、清洁的习惯化，来改变现场、改变员工。通过改变员工来提高员工的素质和安全意识，通过促进6S管理活动的习惯化来促使生产的质量水平得到保障，效率得到提高，安全得到保障，同时消除现场的浪费，降低企业的成本。

2. 6S管理活动习惯化——企业的素养培育

企业素养培育，促进6S管理活动的习惯化需要做到以下三点。

（1）成为指责高手的领导者

① 6S管理活动的习惯化的第一步从指责开始。指责即先指出问题点，没有改善应加以责备。目视现场是指责高手的舞台，通过目视化管理，要关注"三定"（即定品、定位、定量），询问和查找问题。

② 带有爱心来指责。指责意味带有爱心，不指责是不尽心的管理者。
- 现场：热爱于制造物品的舞台。
- 制品：热爱于自己所制造出来的制品。
- 部属：热爱于部属能成长。

三种爱心打造习惯化如图9-4所示。

图9-4　三种爱心打造习惯化

③ 当场指责。看见现场零乱当场指责，这是指责高手的根本，也是使下属养成良好习惯的基础。以"三现"（现场、现况、现物）"三即"（即时、即场、即刻）"三彻"（彻头、彻尾、彻底）为内容与要求，将造成零乱的原因与现象一起责备。

以"三现""三即""三彻"批评如图9-5所示。

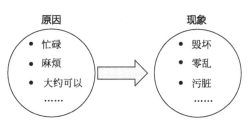

图9-5　以"三现""三即""三彻"批评

（2）善于接受指责

① 员工对待指责的态度。受到上级指责是自己成长的机会，受指责时立即积极回应处理则是善于接受批评的表现。受到指责时，应以"三现""三即""三彻"来对应处理。

② 领导对待指责的态度。作为领导，不但要善于批评，还要善于接受批评，更要敢于自我批评，领导在现场对待批评和指责的态度会对现场人员产生深刻的影响。做好现场的榜样是为了促进6S管理活动的习惯化，这是每一位领导必须做到的。

（3）用好6S习惯化检查表

以一定的分值为参考标准，不同分值对应不同解决策略，以此来推进6S管理活动的习惯化和发展。某公司生产车间6S习惯化检查表如表9-16所示。

表9-16　某公司生产车间6S习惯化检查表

部门		检查人		检查日期			
6S	检查项目	完全不行	稍可	中等	良	很好
整理	1.是否定期实施红牌作战（清理不要品）？	0	1	2	3	4
	2.有无不用或不急用的夹具、工具、模具？	0	1	2	3	4
	3.有无剩余料或近期不用的物品？	0	1	2	3	4
	4.是否有"不必要的隔间"影响现场视野？	0	1	2	3	4
	5.作业场所是否规划清楚	0	1	2	3	4
	小计					
整顿	1.仓库、储物室的摆放是否有规定？	0	1	2	3	4
	2.料架是否定位化，物品是否依规定放置？	0	1	2	3	4
	3.工具是否易于取用，不用找寻？	0	1	2	3	4
	4.工具是否用颜色区分？	0	1	2	3	4
	5.材料有无放置区域，并加以管理？	0	1	2	3	4
	6.废品或不良品放置有无规定，并加以管理	0	1	2	3	4
	小计					
清扫	1.作业场所是否杂乱？	0	1	2	3	4
	2.作业台上是否杂乱及乱摆乱放？	0	1	2	3	4
	3.各区域划分线是否明确？	0	1	2	3	4
	4.作业段落或下班前有无清扫	0	1	2	3	4
	小计					
清洁	1.3S是否规则化？	0	1	2	3	4
	2.机器设备有无定期检查？	0	1	2	3	4
	3.是否对设备、物料、通道进行打扫？	0	1	2	3	4
	4.工作场所有无放置私人物品？	0	1	2	3	4
	5.吸烟场所有无规定，并被遵守	0	1	2	3	4
	小计					
素养	1.有无培训日程管理表？	0	1	2	3	4
	2.需要用的护具有无使用？	0	1	2	3	4
	3.有无遵照标准作业？	0	1	2	3	4
	4.有无异常发生时的应对规定	0	1	2	3	4
	小计					

续表

部门			检查人		检查日期			
6S	检查项目			完全不行	稍可	中等	良	很好
安全	1.所有的机器设备有无制订安全作业书？			0	1	2	3	4
	2.所有的电源开关是否安全？			0	1	2	3	4
	3.易燃易爆品是否定点放置？			0	1	2	3	4
	4.消防器材取用是否方便？			0	1	2	3	4
	5.车间里的主次通道是否畅通？			0	1	2	3	4
	6.所有的产品、物料在堆放时是否安全			0	1	2	3	4
	小计							
	6S习惯化综合评分							

以30分为基本标准，根据评价结果确定对策。

6S习惯化评价结果及其对策如表9-17所示。

表9-17　6S习惯化评价结果及其对策

序号	综合得分	评价	对策
1	0～30	不及格	返回第一阶段，重新开始
2	31～50	再考试	对分数低的项目重新补习
3	51～70	刚及格	平均6S，强化弱项
4	71～90	初级合格	向更高一级努力
5	91～100	高级合格	努力争取更优秀

六　确保6S活动的持续改进

6S现场管理活动可以达成预防管理的功能，应从以下两个方面来理解。

第一，人为失误的防止。为了提升效率与品质，许多工厂不断引进高性能的设备与系统，但作业现场依然事故频频。究其原因，绝大多数是人为失误，如错误操作、作业条件未确认等。如果6S活动不好的话，常常是操作盘及仪表脏污，导致数字读错、模具安装失误等行为发生。此种因人为疏忽的事故必须以彻底的6S活动来消灭。

第二，微缺陷的排除。在作业现场经常可以看到主管为故障的事后处理而烦恼，实际上这些故障只要通过几分钟的事前预防即可防止，却因作业人员视若无睹而造成大故障。例如，机械的给油量不足、油内混入异物造成管路堵塞、螺丝未能拧紧，等等。这些微缺陷之所以造成故障，是因为当时不排除不至于立刻产生异常，因此谁都认为不重要。微缺陷的排除只有彻底活用6S才能真正解决问题。

在丰田式的生产模式中，自动化生产中有一点正式体现了6S管理互动的预防功能，即生产设备在损害之前要及时修好。如同人的预防医学分为日常预防、健康诊断与早期治疗三个环节一样，设备的预防保全也有三个环节，即日常检查、定期检查、预防维护。设备的预防保全环节图如图9-6所示。

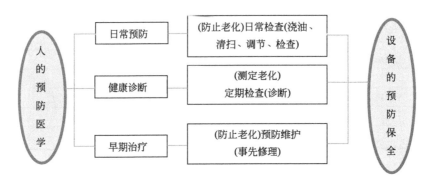

图9-6 设备的预防保全环节图

要保证机器的100%运转率，必须做到防止机器老化的日常检查维护，为测定老化程度定期检查、定期诊断，为早期阶段修复老化按时维修。主要是必须搞清楚哪台设备应当在什么时候进行必要的检修。在此基础上建立起预维修制度，就是一种定期维修制度。当一台设备使用到一定时间后，不管它出现问题与否，提前安排专人利用空余时间对该台设备进行检修和维护；再就是对设备中一些易损件要提前在它达到规定的安全使用期以前就进行主动更换，也是提前定一个更换时间表。做到这些后，一般就能达到"零事故率"。

6S现场精细化管理的预防功能则可以实现以上三种活动。

1. 6S活动的预防功能

（1）6S预防功能

在对6S管理活动的审核与检查中发现的不合格现象，应该采取一定的措施和行动去改进，以防止同样的事情和问题再次发生，这就是预防6S管理互动的预防功能。

预防具有以下三个特点。

① 6S审核的继续。6S审核中出现的不合格现象都应该采取相应的纠正或预防措施，所有的纠正或预防措施都须得到验证，是作为实现6S内部审核目的的有效手段。

② 目的在于改进。力求彻底纠正所发现的不合格现象，重在落实以预防为主的原则，对不满意的方面采取预防措施。

③ 跟踪的范围。跟踪的范围常因需要而扩大；对有效性的验证也因内部管理的需要而更为严格；在完成纠正措施并经验证以后，还可能对一些后续问题实施进一步的跟踪，因而延长跟踪的时间。

（2）预防程序及其实施

在开展6S管理活动预防的时候，首先要明确审核组职责。向受审核方解释6S内部审核中出现的不合格项和需改进的方面；对纠正和预防措施的反馈进行管理。其次要明确受审核方的职责。理解审核员指出的不合格项；制订纠正和预防措施的实施计划；执行纠正和预防措施计划；及时地反馈纠正情况，以便得到审核员的验证认可。

实施6S管理活动的预防可以按照以下步骤进行。

① 要调查、判断不合格的原因，并进行分析。如果是人、机械、材料、方法、环境等各个方面的问题，要找出原因。

② 制订纠正和预防措施的实施计划。

③ 对于控制纠正和预防措施有没有具体有效的实施。

④ 检查纠正和预防措施的效果。

⑤ 对效果的有效性进行验证。

⑥ 巩固经验。巩固验证有效的成果，就是更新文件以及标准化，纠正和预防措施的效果，不明显的可以进入下一个循环。另外，还可以采取更有效的纠正措施。

（3）6S管理活动各个环节的预防功能

要做好6S管理活动的预防，必须进行换位思考，转换有关整理、整顿、清扫、清洁、素养和安全的构想和策划。

① 预防整理。要从事后整理转为预防整理。经过一段时间的6S管理活动的实施，如果已经做到"必要的东西和不必要的东西区分开来，不必要的东西尽快处理掉"，以及"不必要的东西出现即予整理的事后处理"，自然是好。但若转成不使"不必要的东西"出现的整理，也就是预防整理，这将是6S管理活动的真正的提升。

首先是制定出不必要东西不出现的整体对策。利用5W1H把"为什么"做五次反复问，采用动作和时间分析的方法来改善；采用工序平衡与现场改善的方法，"五现"（现场、现物、现实、原则、原理）主义以及"三及"（及时对应、及早预防、及时处理）等方法。

其次是改善生产计划。生产计划的好坏是预防整理成功的关键。如何编制生产计划，来确保不生产出"不必要的东西"，这里不做细谈。

② 预防整顿。要从事后整顿转化为预防整顿。把凌乱的东西加以整理使之分门别类放置，摆放整齐，加以标识，然后使之成为习惯非常重要，但更应思考是不是有不使之凌乱的方法，是否能做到凌乱的东西已产生的事后整顿变为预防整顿。

把"东西零乱"—整顿转化为"东西零乱"—为何会如此，利用5W1H法进行思考，想象该如何处理（HOW）。

某企业工装夹具的预防整顿

- 工装夹具会零乱的原因——归位时会零乱。为何拿回来会零乱？
- 列出容易归回原位的构想。归回原位使现场不零乱的关键是素养。
- 消除归回原位的意识。不归回原位的理由——使用完后归位，因归位而零乱。在加油站可看到加油枪使用完后"一松手即完成整顿"——利用悬吊。
- 消除使用意识观念。可利用共通化的方式，即"工装夹具为何要使用它——是否可与其他工装夹具共通使用"；或利用替代化的方式，即"工装夹具为何要使用它——是否可以用其他工装夹具来替代，没有那个工装夹具该如何处理"，也可以利用方法上的替代法，即可以以工装夹具的需要性为手段来提出"为何不采用其他的方法"。

③ 预防清扫。要从事后清扫转化为预防清扫。地面或者机器一有脏污即刻加以清扫，如此已成为习惯。即便如此也不能掉以轻心。要转换思想，把事后清扫转化为预防清扫。

④ 预防清洁。需要制定三个对策。第一，使不必要的东西不出现的对策。可以设计一个"预防整理检查表"，对工作场所进行检查，了解掌握现状，确认哪些地方还需再一次执行预防整理。第二，不使物品零乱的对策。"物品的零乱即是心灵的零乱。"即使再怎么忙，心再怎么乱，现场都必须做好预防整理。可以设计一个"预防整顿检查表"，对工作现场进行检查，了解掌握现状，确认哪些地方还需要再一次执行预防整顿。第三，不使脏污产生的对策。可以设计一个"预防清扫检查表"，检查了解不使脏污产生的预防清扫的状态如何？确认哪些地方还需要再一次执行预防清扫。

⑤ 预防修养。不良的错误防范——防吊措施。人是会犯错误的，但可以通过教育、培训等方式来减少相关失误和错误的发生。防范失误后所造成的错误称为防吊措施。

⑥ 预防安全。安全是企业生产互动最不容忽视的关键环节。企业可通过对人员的培训和教育等方式提高员工安全生产的意识。

2. 对 6S 管理活动预防功能实施状况的跟踪

跟踪是实现预防目的的必要环节，是预防活动与措施之后的必要的延续。

（1）跟踪的基本概念

跟踪是审核的继续，是对受审核方的纠正和预防措施进行的评审，是验证并判断效果，并对验证的情形进行记录。跟踪的目的就是促使受审核方采取有效的纠正和预防措施，并验证纠正和预防措施的有效性，还有督促受审核方实施纠正、预防，促使受审核方不断地进行改进。同时，还要向管理层报告，向审核组组长、6S推行委员会反馈受审核方纠正的状况。

对6S管理活动的预防实施情况进行跟踪，可以促使受审核方针对实际或潜在的不合格现象采取纠正和预防措施；督促受审核方实施纠正预防措施；使受审核方建立并防止不合格再发生的有效机制；促使受审核方不断地进行改进。同时，也要向审核组组长、6S推行委员会委员长及时地反馈受审核方的纠正状况；向最高管理层提供6S推进的情况报告，以证实纠正预防措施的适宜性和有效性。

跟踪的时候主要以书面文件的形式提供给审核员或跟踪工作负责人，作为已进行纠正和预防措施的证据；审核员到现场进行跟踪、验证工作。

在跟踪中，审核员的职责主要是证实受审核方已经找到不合格的原因；证实采取的纠正和预防措施是有效的；在跟踪过程中，审核员要证实所涉及的人员对纠正和预防措施有所认识，并进行了适当的培训，以适应变化后的情况。审核员要记录所采取的纠正和预防措施，并对有关文件进行改进，同时要向审核组组长报告跟踪的结果。

（2）跟踪的实施程序和实施要点

① 跟踪的实施程序。
- 审核组识别实际或潜在的不合格。
- 审核组要向受审核方提出采取纠正和预防措施的建议。
- 受审核方要提交纠正和预防措施的计划。
- 对采取纠正和预防措施的可行性予以评审。
- 受审核方要实施并完成纠正预防措施。
- 审核人员对审核状况不满意时，可以要求审核部门再采取下一步的行动。

② 跟踪的实施要点。对于跟踪工作的管理应由专职和兼职的管理机构来负责，制定工作持续程序。实施跟踪可由原审核组的成员来进行，也可以委托其他有资格的人员来进行。实施跟踪的人员必须了解该项跟踪工作的资料和情况。在进行跟踪的时候，跟踪人员应该针对不同的情况采取不同的措施，对于采取的纠正和预防措施，如果效果不好时，应该重新采取纠正措施，并进行更细致的跟踪检查，对有效的纠正和预防措施，应该采取巩固措施。跟踪完成之后要编写跟踪检查报告。跟踪检查报告就是对于重大的纠正或预防措施的跟踪情况所形成的书面报告。跟踪检查报告可以针对一条或若干条纠正和预防措施，视具体情况而定，报告应该反映纠正和预防措施结果的判断，报告由跟踪检查人撰写，由跟踪工作负责人，如审核组组长、6S推行委员会的执行长来批准。

表9-18是一份简单的预防措施改善书，这在跟踪报告中是必须呈现的。

表9-18 预防措施改善书

发生区：	管理评审	6S审查	客户调查	生产过程	
NO.	问题点	担当（改善区）	纠正措施	预防措施	验证结果
发行区： 签名：			担当区： 签名：		验证人：

参考文献

[1] 滕宝红. 6S精益推行图解手册. 北京：人民邮电出版社，2017.
[2] 姜明忠. 6S管理现场实战全解. 北京：机械工业出版社，2015.
[3] 李峰，黄德力. 图解5S运作精益化管理. 北京：中国劳动社会保障出版社，2014.
[4] 吕梁，等. 流程型企业5S攻略. 北京：机械工业出版社，2017.
[5] 高庆华. 卓越6S管理实战手册(图解版). 北京：化学工业出版社，2012.
[6] 李家林. 6S精益推行手册(实战图解精华版). 北京：人民邮电出版社，2011.
[7] 孙兵，等. 6S精益管理实用指南. 北京：国防工业出版社，2012.
[8] 姚水洪，邹满群编著. 现场6S精益管理实务. 北京：化学工业出版社，2013.
[9] 罗仕文. 6S督导师实用手册. 深圳：海天出版社，2007.
[10] 大西农夫明. 图解5S管理实务：轻松掌握现场管理与改善的利器. 北京：化学工业出版社，2010.
[11] 麦卡菲. 企业2.0：企业社会化协作趋势与工具（web2.0下企业管理如何先人一步，从人机交互到人人交互）. 北京：机械工业出版社，2011.
[12] 越前行夫. 图解生产管理：5S推进法. 北京：东方出版社，2011.
[13] 曾添，等. 看图轻松学5S管理. 广州：广东省出版集团图书发行有限公司，2010.
[14] 徐航，等. 工厂5S管理实务. 北京：中国时代经济出版社，2008.
[15] 石强. 5S推行实操手册. 武汉：中国电力出版社，2012.
[16] 江艳玲. 工厂5S/7S精益运作实务. 北京：中国时代经济出版社，2012.
[17] 李家林. 5S精细化管理：工厂管理一本通系列. 深圳：海天出版社，2011.
[18] 胡凡启. 5S管理与现场改善. 北京：水利水电出版社，2011.
[19] 张忠新. 中国式5S管理. 南京：东南大学出版社，2009.
[20] 曾跃顿. 5S推行问题与对策. 厦门：厦门大学出版社，2008.
[21] 苏俊. 卓有成效的5S管理. 广州：广东经济出版社，2008.
[22] 日本名古屋QS研究会编辑. 张贵芳，等译. 改善经营管理的5S法. 北京：经济管理出版社，2005.
[23] 孙少雄. 如何推行5S（塑造人的品质）. 厦门：厦门大学出版社，2001.
[24] 刘承元. 专家博士的5S经：实现卓越工厂管理的基础. 深圳：海天出版社，2003.
[25] 李家林，等. 图说工厂7S管理. 北京：人民邮电出版社，2011.
[26] 孙少雄. 制造业6S精益管理：现场改善利器. 北京：机械工业出版社，2010.
[27] 宋文强. 图解6S管理实务：中国实战版. 北京：化学工业出版社，2010.
[28] 唐苏亚. 5S活动推行与实施. 广州：广东经济出版社有限公司，2012.